Ses Bras pour Seul Refuge

Ses Bras pour Seul Refuge

Mon voyage des ténèbres à la lumière avec

SRI MATA AMRITANANDAMAYI

par
Gretchen Kusuma McGregor

Mata Amritanandamayi Center, San Ramon
Californie, États-Unis

Ses Bras pour Seul Refuge
Mon voyage des ténèbres à la lumière avec Sri Mata Amritanandamayi
par Gretchen Kusuma McGregor

Publié par :
    Mata Amritanandamayi Center
    P.O. Box 613
    San Ramon, CA 94583
    États-Unis

---------------- *In the Shelter of her Arms (French)* ----------

Première édition par le Centre MA : septembre 2016

En France :
    Ferme du Plessis
    28190 Pontgouin
    www.ammafrance.org

En Inde :
    www.amritapuri.org
    inform@amritapuri.org

Dédicace

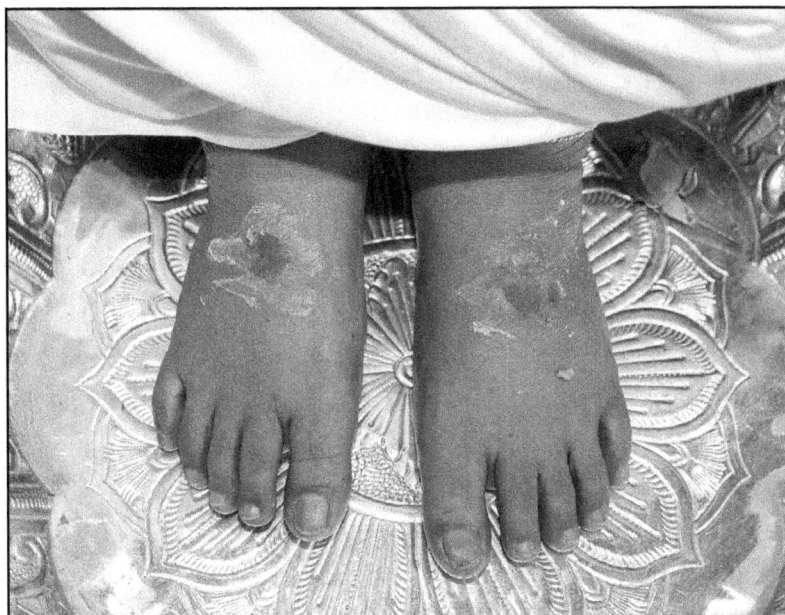

Ce livre est humblement dédié à

Adi Para Shakti,

L'énergie suprême et primordiale,

qui, en vérité, s'est incarnée sous la forme de

Sri Mata Amritanandamayi,

la Mère de la Béatitude immortelle

et à tous ses enfants bien-aimés

qui ont accouru vers elle.

Table des matières

Prélude

Pouvons-nous dire précisément quand notre voyage conscient vers l'éveil commence ? Souvent, c'est seulement des années plus tard, rétrospectivement, que nous mettons le doigt sur le moment exact où la première étincelle de Vérité nous a atteint – quand quelqu'un ou quelque chose nous a fait prendre conscience du monde tel qu'il est réellement, si bien qu'ensuite, jamais plus nous ne l'avons perçu comme auparavant.

En ce qui me concerne, le tournant de ma vie se situe dans une librairie près des Jardins de Tivoli au Danemark. La journée était horriblement chaude pour le Nord de l'Europe, et je m'étais réfugiée dans l'allée marquée « Mythologie », cherchant parmi les titres un bon livre à lire dans le train qui me ramenait en Norvège, où j'étudiais cet été-là. J'étais inscrite à une université internationale d'été pour la paix dans le monde, dirigée par l'Institut de Recherche pour la Paix d'Oslo (PRIO) dans le cadre de l'Université d'Oslo. Je n'imaginais pas que cette escapade au Danemark le temps d'un week-end changerait ma vie pour toujours.

Tandis que je furetais, un livre tomba littéralement d'un rayon, derrière moi. Je me penchai pour le ramasser et le remettre à sa place, et mon regard fut attiré par le titre : « Quand Dieu était une Femme » de Merlin Stone. Hum ! Ayant été élevée dans une famille de fervents agnostiques protestants, une de mes plus grandes peurs était qu'un jour quelqu'un me demande ce que je pensais de Dieu. Je n'aurais rien eu à dire. J'étais complètement ignorante dans ce domaine. « Pourquoi pas ? » songeai-je. J'étais une intellectuelle, j'avais donc l'habitude de lire des livres sur des sujets que je voulais approfondir. Quant au fait que Dieu soit une femme, alors ça, c'était vraiment le monde à l'envers. J'achetai le livre.

Et on peut dire que je l'ai lu ! Ou bien est-ce le livre qui m'a lue ? Dès que je l'ai ouvert j'ai été consumée, incapable de le poser avant de l'avoir dévoré jusqu'à la dernière page, d'avoir médité sur chaque note de bas de page, et recommencé depuis le début. L'auteur racontait une histoire de vénération de la Grande Mère datant des temps les plus reculés et s'étendant à la Terre entière. J'étais fascinée. De cette étude des religions anciennes de la Mère divine émergeait une image de profonde compassion et de pouvoir sacré. Les portraits de la Mère divine faisaient écho à une vérité profonde, Dieu sous la forme de la Mère divine.

Ce qui m'a le plus frappée, c'était le fait que des traditions aussi répandues d'une culture ancestrale puissent rester à ce point ignorées de la vision moderne. Comment moi, qui avais reçu une bonne éducation, qui avais beaucoup voyagé, qui étudiais les sciences de l'Environnement à l'Université de Berkeley en Californie et qui participais à la prestigieuse université d'été PRIO, comment pouvais-je ignorer cet aspect fascinant de l'histoire humaine ? M'étais-je complètement endormie au volant ou étais-je simplement un produit de ma propre culture, que l'oubli de l'histoire semblait faire prospérer ?

Quoi qu'il en soit, mon cœur était en feu à l'idée d'une Mère divine ! Si elle avait été vénérée autrefois, où était-elle, maintenant que le monde avait tant besoin d'elle ? Selon moi, le monde n'avait jamais eu autant besoin de paix et de justice. L'urgence première, c'était de vivre en harmonie avec la nature. Du haut de mes 20 ans, il me semblait que si l'humanité désirait seulement caresser l'espoir d'atteindre ces nobles idéaux de paix et de justice, le mieux était de nous laisser porter par le souffle de la Mère divine. Par la lecture de ce livre, toute ma vision du monde s'était modifiée. J'avais appris que la Mère était la Source de Tout, et je décidai de me mettre en quête d'Elle.

Je commençai à prier, ce que je n'avais jamais fait de ma vie. Mais il me sembla tout de suite incroyablement naturel de faire appel à la Mère divine. Je composais des chansons, de petites psalmodies en fait, pour la Mère. De retour à l'Université de Berkeley, à la fin de l'été, je créai un « cercle spirituel » avec quelques-uns de mes amis. Nous nous retrouvions dans la forêt de séquoias des Redwoods ou sur la Côte Pacifique. Nous chantions nos chansons, tournoyions en cercle comme des derviches, puis nous nous asseyions calmement en état – je ne le comprendrai que plus tard – de méditation. Nous essayions de visualiser la Mère divine et lui demandions de nous guider. Parfois, je pleurais de sentir combien la Terre, les gens et les animaux avaient besoin que la Grande Mère se souvienne d'eux et vienne les aider.

Je me souviens encore d'une chanson que j'ai écrite à l'époque

Déesse du monde, ton histoire est inconnue
Comment ta puissance fut brisée, volée,
Mystère, dévoile-toi !
Nous sommes plusieurs femmes vigoureuses,
Filles de la Terre,
En nous réunissant
Nous briserons les chaînes qui nous attachent,
Qui nous possèdent, qui nous contrôlent.
Cercle spirituel, donne-nous la puissance
Que le mystère se dévoile, que le mystère se dévoile...

Le lien que nous ressentions tous avec la Grande Déesse était palpable mais, dans ce monde moderne, nous n'avions aucune référence extérieure qui permette d'affirmer sa présence. Autour de nous, tout était basé sur le matérialisme et nous préparait à devenir de bons consommateurs, des rouages de la machine, des soldats sur le pied de guerre. Ronald Reagan gagna les élections, le recensement sélectif d'office, en clair, le service militaire obligatoire, fut réinstauré. Un accident provoqua la fusion de la centrale nucléaire de Three Mile Island. Nous réussîmes tous nos examens et nos chemins se séparèrent. À la poursuite du Rêve Américain, mais de quel rêve ?

FILLE DE FERME

Californie du Nord
Juin 1982

Étape suivante : un stage de six mois dans une ferme biologique au Nord de la Californie à Covelo. Je voulais quitter l'atmosphère toxique et perturbante de la ville et apprendre à vivre à la campagne, pensant qu'il serait beaucoup plus facile de me relier à la Mère divine si je vivais plus en harmonie avec Mère Nature. Jusqu'alors, à part quelques escapades avec mon grand-père dans les Laurel Mountains le temps d'un week-end, (situées à l'Ouest de la Pennsylvanie où j'avais grandi), j'avais toujours été une pure fille des villes. Mais j'étais maintenant convaincue qu'il était temps de briser l'une des plus grosses chaînes qui me ligotaient. J'ignorais tout de la façon dont la plupart des gens, en ce monde, vivent et s'échinent au travail. Je rêvais de développer mon intuition et de me laisser guider par mes prières vers les bras de la Mère divine. Mon but était de faire quelque chose pour rendre le monde meilleur.

Parmi les nombreuses tâches qui attendaient une stagiaire à la ferme, je devais aller chercher, tôt le matin, les deux vaches laitières qui paissaient dehors dans un pré, pour les traire – à la main. Je me revois assise sur le tabouret, avec les avant-bras qui me faisaient souffrir à force de traire environ 20 litres de lait par jour ; je pensais : « S'il te plaît Daisy, ne donne pas de coup de sabot, ne renverse pas le seau ! » et puis aussi : « Tout cela doit bien avoir un rapport avec la Mère divine ! » Je m'asseyais donc là dans ce décor et me concentrais intensément sur la Mère divine… « Où es-Tu ? Mais où es-Tu ? » répétais-je sans arrêt ! L'idée de la Mère divine s'ancrait dans mon esprit.

La fin de ma période de six mois de travail à la ferme approchait et je n'avais aucune idée de ce que j'allais faire ensuite. Ma famille de la côte Est, elle avait en revanche sa petite idée sur la question : il me fallait trouver du travail ! J'avais manqué de temps pour rencontrer la Mère divine et je devais maintenant me résigner à courber l'échine et m'atteler au travail de 9 heures à 17 heures, comme tout le monde. Mais au moins, je pouvais choisir l'endroit où je voulais vivre. Il était évident pour moi que le meilleur moyen de faire le bon choix était de faire « parler mon intuition ». C'est ainsi que j'enfourchai ma bicyclette pour aller sur la plus haute colline de la Covelo Valley, là où, il y a très longtemps, la Tribu Indienne des Pomos cherchait à entrer en communication avec notre Mère Terre.

Thanksgiving 1982. Me voici partie avec l'intense demande d'une vision ; j'abandonnai tout entre les mains de la Mère divine. Je restai donc assise pendant des heures sur cette colline déserte ; je priai, pleurai un peu : les heures passèrent ainsi. La petite bruine presque continuelle du début avait cédé la place à un déluge. J'avais très faim et le festin de Thanksgiving m'attendait à la ferme. Mais je n'avais toujours pas eu ma vision. Je me demandais combien de temps cela prendrait. Je mourais de faim et j'avais froid, est-ce que cela ne suffisait pas pour inciter la Mère à venir à mon secours ? La nuit tombait, il commençait à faire noir. Essayant d'éclaircir mon esprit une dernière fois, je me concentrai doucement sur ce que j'avais besoin de savoir : « Où ? Où ? Mais où donc ? »

Soudain j'entendis une voix sortie de nulle part me dire clairement : « Les Montagnes du Nouveau Mexique… une Sage se trouve là-bas ». Merci, merci, Mère divine ! Et voilà, je savais enfin quelle serait ma prochaine étape ! Je repris mon vélo et filai vers la ferme avant la nuit.

« Tu pars au Mexique? Mais tu ne parles même pas l'espagnol ! »

Telle fut la réaction de ma famille quand je leur annonçai la nouvelle.

« Oui, au *Nouveau* Mexique ! », repris-je, pensant que cela les rassurerait. Puis : « Eh non, je n'ai pas d'offre d'emploi, pas encore ! »

Pas très rassurant pour eux. Mais ils savaient qu'il était inutile de s'opposer à leur fille aînée : ils ne viendraient pas à bout de son obstination.

J'arrivai à Taos, au Nouveau Mexique, pour le Nouvel An.

LA MONTAGNARDE

Janvier 1983
Taos, Nouveau Mexique.

Je n'avais que 22 ans, c'était magique. J'ouvrais tout grand ma vie à la Mère divine. Les montagnes, les canyons et le Rio Grande devinrent mes sources d'inspiration. Là-bas, il était facile de ressentir la présence de la Mère divine ; elle était partout. Dans les arcs-en-ciel en fin d'après-midi, dans l'air qui sentait bon la sauge, au moment où les cactus du désert fleurissaient après une averse providentielle, à minuit avec le hurlement perçant des coyotes. Et en toile de fond, les montagnes Sangre de Cristo, montagnes sacrées de la tribu des Pueblos de Taos qui s'élevaient à plus de 3500 mètres.

En une semaine, je fus embauchée comme cuisinière dans un snack nommé l'Apple Tree qui servait des petits déjeuners. Ce n'était pas exactement ce dont ma famille rêvait pour moi, mais j'avais enfin du travail ! L'idée que l'aînée de leurs cinq enfants gagne sa vie n'était pas pour leur déplaire. De mon côté, certes un peu trop diplômée pour ce travail, j'étais néanmoins sûre d'avoir fait le bon choix. J'avais été guidée ici et je n'avais qu'à attendre patiemment.

Tout l'hiver, ma fidèle bicyclette me permit de faire trois kilomètres par jour pour me rendre à mon travail avant le lever du soleil. L'air glacé assaillait mes poumons à plus de 2000 mètres d'altitude, les pneus de mon vélo crissaient sur les routes gelées et les chiens du voisinage me mordillaient les talons pour me faire passer l'envie d'empiéter sur leur territoire. L'après-midi je skiais audacieusement entre les sapins des super pistes noires de la Taos Ski Valley. Et je continuais à prier du fond du cœur. Je chantais souvent :

Nous venons tous de la Mère
Vers Elle nous retournerons
Comme les gouttes de pluie
s'écoulent vers l'océan …

LA FILLE DE LA RIVIÈRE

Pilar, Nouveau Mexique
Été 1983

Cet été-là je fus embauchée comme cuisinière dans un café à Pilar, un village de 200 habitants au Sud de Taos, maintenant surnommé affectueusement le « Pilar Club Yacht Café » car il se trouve tout près du Club de Rafting du Rio Grande. J'avais dans l'idée que vivre près de la rivière m'aiderait à me relier à la Mère divine. Je rencontrai des habitants du coin qui proposèrent de me loger gratuitement dans une minuscule caravane garée au bord de la rivière. La mère de famille, cela tombait bien, s'appelait Meadow (Prairie). Elle avait deux filles : Ajna et Riversong. Meadow et ses filles avaient découvert mon attirance profonde pour la Mère divine et nourrissaient les mêmes inclinations. Je ne compris que plus tard l'importance du cadeau que Meadow m'avait fait.

Cet été-là, la pratique quotidienne de la natation remplaça celle du ski. Dès que je me réveillais, je piquais une tête dans l'onde vivifiante de la source Del Norte qui recueillait les eaux de la fonte des neiges, juste pour sentir le froid me couper le souffle. À ce moment-là, je communiais pratiquement sans effort avec la Mère divine ; c'était un enchantement de m'asseoir les jambes croisées dans cette prairie vert émeraude près de la rivière qui coulait et d'entrer dans un état de rêverie. Assise là, je ne pouvais m'empêcher de me demander quand j'allais rencontrer la « sage » qui m'avait convoquée en ces lieux et ce qui arriverait après notre rencontre. Allait-il falloir plusieurs années avant que se dévoile cette partie de ma vie ? Allais-je réussir toute ma vie à me sentir guidée par la Mère divine ? Est-ce que je la rencontrerai un jour dans ce monde ?

Assise au bord de la rivière au coucher du soleil, je répétais sans cesse un chant célèbre par le biais duquel j'implorais une déesse pour qu'elle intervienne, et parfois mes yeux se remplissaient de larmes.

…Isis, Astarte, Diane, Hécate, Déméter, Kali, Inana…

Voici les différents noms des déesses antiques que j'avais croisées lors de mes lectures. Je gardais espoir qu'elle entende un jour mon appel.

BINGO !

Août 1983
Le Pilar Café

Une après-midi, Meadow s'exclama : « Je viens de rencontrer un homme qui a vu la Mère divine en Inde. Et il a des photos. Il vient juste de s'installer dans le village. Il faut que tu le rencontres. » Tant que je vivrai, je n'oublierai jamais ce moment. Je me tenais debout derrière le comptoir avec un tablier maculé de taches de sauce de piment rouge, que je portais par-dessus mon maillot de bain préféré ainsi qu'une jupe en jeans qui m'arrivait aux mollets. Je m'étais baignée pendant la pause du déjeuner et mes tongs étaient encore humides.

Des années plus tard je pris conscience que cette déclaration constituait le moment charnière de mon existence. C'était un de ces moments de « déclic » : on sait alors que quelque chose d'important vient d'arriver ou va se passer. Le doux sentiment que l'on a lorsque l'on arrive à tourner la clé dans la serrure et que la porte s'ouvre. Le son d'une note parfaitement accordée sur une corde de guitare. La flèche lancée qui atteint sa cible …

Pilar était un petit village, il ne fallut pas longtemps pour que le nouveau venu vienne manger un morceau au café. Je sautai quasiment par-dessus le comptoir pour prendre sa commande. Quand je revins pour lui servir son plat, l'air le plus détaché possible, je lui demandai : « C'est donc vous qui avez rencontré la Mère divine ? » Il me regarda de biais et me répondit calmement de sa voix grave de baryton, « Oui, c'est moi. » J'avais beaucoup de peine à contenir mon excitation. Il a dû s'en rendre compte car il ajouta : « Si ça vous intéresse, je passe des diapos samedi. » Je me présentai et lui demandai son nom : « Greg McFarland,» répondit-il.

KANI DARSHAN : PREMIER DARSHAN

Le temps me sembla long jusqu'au samedi, mais la soirée diapos tant attendue finit par arriver. Je me rendis à vélo à la petite maisonnette en briques qui surplombait la rivière. Ce soir-là, je me souviens du ciel mémorable qui déployait toute la palette des couleurs d'un coucher de soleil d'été, ces couleurs qui ont rendu célèbres dans le monde entier les coups de pinceau de Georgia O'Keefe. Chose étonnante, personne d'autre que moi n'était venu à la projection – j'étais le seul spectateur ! Dès que je vis la première diapositive d'« Ammachi » – c'est le nom que Greg lui donnait – je restai clouée sur ma chaise, ébahie, sans dire un mot. La lumière de ses yeux déchira le brouillard dans lequel j'avais inconsciemment été plongée toute ma vie.

Il est indéniable que la présence d'Ammachi eut un effet immédiat sur moi. Je veux dire qu'elle était là, tout près, dans la pièce avec nous. Je compris alors que je devais la rencontrer. Émerveillée et stupéfaite, je regardai en silence le reste du diaporama me souvenant à peine des commentaires de Greg. Alors qu'un dernier clic du projecteur mettait fin à la séance, je laissai échapper : « J'y vais ! ». Alors Greg me dit : « Mais tu ne peux pas y aller sans prévenir. Il n'y a rien là-bas, juste la maison de la famille d'Amma et quelques huttes. On ne peut pas arriver comme ça ; tu dois d'abord écrire à Amma. »

CHÈRE AMMA

Aussitôt dit, aussitôt fait. Dès le lendemain, dans un télégramme pré-affranchi de couleur bleue, j'écrivis :

> *Chère Amma,*
> *Je souhaite vous rencontrer. Je pense que vous avez les réponses à toutes mes questions. S'il vous plaît, me permettez-vous de venir ?*
> *Gretchen*

Ma demande de passeport partit le jour même. Il était clair que j'étais à un tournant de ma vie ; j'avais les yeux étoilés d'Amma constamment à l'esprit. Tous les jours je ne cessais de me répéter : « Oh, je suis en route vers la Mère divine ! ».

J'eus une proposition me permettant de descendre gratuitement le grand Colorado en rafting. En qualité de cuisinière spécialisée en restauration rapide, j'étais une bonne recrue pour cette aventure de trois semaines, une escapade de 500 kilomètres dans le Grand Canyon. Donc je me dis : « Pourquoi pas ? Il va falloir au moins un mois pour que ma lettre arrive en Inde et qu'Amma y réponde. Quelle belle occasion de m'immerger dans la nature en attendant. »

LA DESCENTE DE LA RIVIÈRE

Le Colorado n'est pas une plaisanterie : il a un débit d'environ 17 000 m³ par seconde. Quand vous accostez à Lee's Ferry, en Arizona, la terre tremble sous l'effet de la force tumultueuse de cet énorme volume d'eau qui se fracasse contre les berges. La compagnie « New Wave Rafting » de Santa Fe organisait ce voyage pour ses employés. Greg McFarland piloterait le canot dans lequel je devais prendre place. Pendant ces trois semaines je l'ai entendu raconter son séjour chez Amma l'année précédente ! Un jour, il me dit qu'Amma lui avait donné un mantra qu'il pouvait partager s'il rencontrait des personnes susceptibles de faire partie de ses enfants. Je ne savais rien des mantras, mais plus il m'expliquait, plus ça m'intéressait. Il écrivit donc ce mantra sur un morceau de papier et m'expliqua comment l'utiliser. J'inventai un moyen de compter sur mes doigts pour le répéter 108 fois.

La récitation de mantra chaque matin et à différents moments de la journée provoquait en moi un effet encore inconnu. Un changement subtil s'opéra dans mon esprit et me procura un grand sentiment de paix. Je devins très réceptive à la nature qui m'entourait. Plus je faisais du japa et plus la vibration du mantra se propageait en moi. J'étais si heureuse, assise dans ce petit canot, descendant le courant le regard posé sur le majestueux Grand Canyon, et répétant cette nouvelle chose que l'on appelle un mantra. De constantes rêveries au sujet de ma rencontre avec Amma envahirent bientôt mes pensées.

De retour à Santa Fe à la mi-octobre, j'allai aussitôt voir si j'avais du courrier. Je n'en recevais jamais beaucoup ! Regardant par la petite fenêtre vitrée de ma boîte aux lettres, j'eus un frisson quand j'aperçus très clairement un télégramme bleu posé en travers d'un petit paquet : mon passeport ! Mon cœur ne fit qu'un bond quand je lus l'adresse de l'expéditeur. J'ouvris la lettre avec précaution. Dans une écriture que je ne connaissais pas, des lettres ingénues de petite fille décrivaient des boucles sur toute la page. Ce doit être l'écriture d'Amma ! En-dessous se trouvait la traduction :

Ma fille chérie,
Quand viens-tu ? Tu seras toujours la bienvenue ici. Amma t'attend. Viens vite, ma fille chérie.
Bises, bises

J'étais terriblement excitée ! J'allais voir Amma ! Et ce soir-là, la conversation que j'eus au téléphone avec ma famille en Pensylvanie ressemblait à peu près cela :

« Je pars en Inde, maman »

« Tu pars dans l'Indiana ? »

« Non, Maman, en *Inde* » répondis-je.

« Mais pour quoi faire, au nom du ciel ? »

« Pour aller voir Amma, une sainte indienne … »

« Mais qu'est-ce qui te prend ? »

« Je sens qu'il faut que j'aille la voir. Ne t'inquiète pas, j'ai de quoi acheter le billet d'avion ; vous n'aurez rien à dépenser, ni toi ni Papa. »

Que pouvaient-ils dire ? J'étais l'aînée de cinq enfants et franchement je pense qu'ils étaient contents, comme on dit, d'avoir une bouche de moins à nourrir. Et puis ils me connaissaient assez pour savoir que, quand j'avais une idée en tête, rien ne pouvait me faire changer d'avis.

CHAPITRE 1

Mendiante dans la maison de Dieu

Nous sommes partis début novembre. C'était en 1983. Greg McFarland voulait retourner auprès d'Amma avec Flora, sa fille de 15 ans, afin qu'elle reçoive la bénédiction d'Amma. Nous avons atterri à Chennai, et le lendemain nous prenions le train de nuit pour Kollam. Après un trajet chaotique en rickshaw, on nous déposa à l'embarcadère pour Vallikkavu ; nous étions presque au but. Scrutant sur l'autre rive le mur impénétrable de verdure, je réalisai avec émoi qu'Amma était juste de l'autre côté de la rivière. Une vague d'émotion teintée d'angoisse déferla en moi.

J'avais passé les deux dernières années à appeler la Déesse antique, qui, je le croyais, devait être quelque part sur cette terre. Ce qui existait par le passé, doit exister maintenant – j'en avais l'intime conviction. Etait-elle là-bas, juste à une encablure ? Pourquoi pas ? Depuis Copenhague, j'avais été guidée à chaque pas sur le chemin, au fur et à mesure que j'ouvrais mon cœur grâce aux chants et aux prières. Étais-je prête à monter dans le bateau et à traverser ? Qu'est-ce qui m'attendait de l'autre côté ? Je me sentais vraiment nerveuse !

Alors que le batelier plantait sa longue perche dans le lit de la rivière, mon mantra me vint aux lèvres sans effort. Ma respiration s'accéléra, nous nous extirpâmes du bateau et remontâmes un petit sentier en traînant nos bagages. Mon regard tomba sur quelque chose de gravé sur une grosse pierre noire enfoncée dans la boue. Je m'arrêtai pour regarder et un frisson parcourut ma colonne vertébrale ; il s'agissait d'un cercle parfait, d'environ douze centimètres de diamètre, avec un point central en relief. Ce symbole m'était indubitablement familier, je l'avais vu en rêve à de multiples reprises. Etait-ce juste une coïncidence, cet ancien symbole de la Mère divine ? Une décharge d'adrénaline me submergea et me conforta dans l'idée que j'étais sur la bonne voie et que j'allais bientôt rencontrer la "femme sage" que je recherchais.

Nous poursuivîmes notre chemin quelques moments puis la forêt de cocotiers s'éclaircit et s'ouvrit sur une étendue sablonneuse où un petit groupe de gens étaient assis tranquillement. Pas de doute, c'était Amma ! Elle était étincelante de lumière, même à cette distance. Alors que nous approchions, tout le monde se leva et Amma s'avança. Elle embrassa Greg, puis Flora. Se tournant vers moi, elle m'adressa un sourire à mille watts. Ses yeux étaient des étoiles étincelantes. Dans les bras d'Amma, mon cœur se rompit comme un barrage. Je ressentis une joie insupportable, comme si une colonne de bonheur intense, inimaginable, jaillissait de mes pieds jusqu'au sommet de ma tête. Je pleurai à chaudes larmes ; Amma s'assit et me mit la tête sur ses genoux.

J'eus ma toute première vision intérieure ; une double hélice, comme un double brin d'ADN, irisée et lumineuse, inondée d'une douce couleur. J'avais conscience qu'Amma était un brin et que j'étais l'autre brin. Nous étions enlacées depuis la nuit des temps et infiniment loin dans le futur. Le point de coïncidence était l'instant présent de notre rencontre. Ce point émettait une intense vibration lumineuse. À ce moment, je sus que j'avais trouvé la Mère divine dans cette vie. Tout ce j'avais vécu jusqu'à ce moment n'avait servi qu'à me ramener vers elle. Je La connaissais depuis la nuit des temps, je La reconnaissais aujourd'hui, et La connaîtrai toujours. Combien de temps s'écoula ainsi ? Je ne sais pas, mais ensuite tout le monde se leva ; la jupe d'Amma était mouillée de mes larmes.

En me relevant, j'eus l'impression de flotter au-dessus du sol. L'expression "être sur un nuage" me vint à l'esprit. Comme si quelqu'un avait enlevé de mes épaules un sac à dos de 25 kilos dont j'ignorais la présence. Plus tard, j'appris que lorsque nous rencontrons notre guru, il s'opère un transfert de notre fardeau karmique. Le guru allège notre charge. Cette sensation fut instantanée. Une jeune occidentale apporta une jupe propre à Amma et m'adressa un sourire de bienvenue.

Amma désirait nous faire visiter les lieux et elle nous emmena. Son rire était énergique, naturel et enivrant. La visite commença par le Kalari, juste derrière l'endroit où Amma s'était assise. Les portes du temple étaient fermées et nous nous assîmes sur le perron. Amma me demanda comment je m'appelais. « Gretchen » répondis-je. L'interprète traduisit : « Comment ? – Gretchen. » Silence. Nous passâmes au chant. Amma voulait que je chante quelque chose. J'étais nulle en chant. Peut-être me suis-je mise à rougir car on me suggéra de chanter « Rain, rain, go away » (comptine à rapprocher de 'il pleut, il pleut bergère'. ndlt). Je chantai donc cette comptine et reçus l'instruction d'essayer de bien tenir les notes. Je m'y efforçai, sans trop de succès, et la visite continua.

À gauche du Kalari, nous nous dirigeâmes vers une hutte en feuille de palmes, simple et rectangulaire avec trois portes. Amma ouvrit vigoureusement la première porte et dit : « Mon fils, méditer toute la journée. » Un occidental assis en position du lotus, tournait le dos à la porte, immobile, absorbé dans sa contemplation. La porte suivante s'ouvrit, poussée par Amma qui dit : « Mon fils, malade, reposer maintenant » et elle le caressa pour le réconforter. C'était encore un occidental, son visage était rayonnant de paix, mais il avait l'air pâle et maigre. Il se redressa difficilement et salua Amma en *pranam* ; il nous sourit en nous disant que nous pourrions faire connaissance plus tard dans la journée.

La dernière porte s'ouvrit, à l'intérieur il y avait un simple lit en bois et quelques nattes de paille par terre. Amma s'assit sur le lit et me fit asseoir à côté d'elle. Elle me prit les mains et retourna mes paumes vers le ciel. Elle étudia une paume puis l'autre. Elle ne paraissait pas satisfaite alors elle demanda : « Laquelle pour les femmes ? » Personne n'avait d'opinion à ce sujet, alors Amma prit ma main gauche. Je savais qu'il n'y avait pas de ligne de vie dans cette main, en tout cas presque pas. C'était peut-être ce qu'Amma avait examiné ? Je me souviens qu'Amma enfonça l'ongle de son pouce très fort à l'endroit où ma ligne de vie disparaissait. Elle pressa longtemps, puis me lâcha la main. Au fur et à mesure des semaines, je remarquai qu'une nouvelle ligne, à peine visible, apparaissait à l'endroit où Amma avait appuyé. Une courte ligne rejoignait en diagonale une ligne voisine, allongeant ainsi considérablement ma ligne de vie. Cette diagonale de raccordement est toujours visible sur ma paume gauche.

Puis la leçon de musique commença. Tout d'abord Amma voulut que j'essaye « Hamsa vahana devi » mais le vers *akhila loka kala devi amba saraswati…* était nettement trop difficile pour moi. Amma passa immédiatement à « Dévi devi devi jagan mohini. » J'arrivai à prononcer les paroles sans trop de mal. À nouveau, elle m'encouragea à tenir les notes et à ne pas laisser ma voix trembler. Tout le monde s'amusait ! J'étais un peu gênée, mais j'avais surtout l'impression d'être accueillie chaleureusement et d'être immédiatement adoptée. Ils étaient bienveillants, détendus et je me sentais à l'aise parmi eux.

C'était maintenant l'heure du déjeuner. Amma nous conduisit jusqu'à sa maison familiale, attenante au Kalari. D'autres personnes étaient venues pour le repas et nous tenions tous facilement dans la grande pièce principale. On apporta des assiettes, des tasses et des nattes en paille ; Amma servit du riz et du dhal (lentilles) dans chaque assiette et une petite quantité de légumes fut distribuée avec soin. Les tasses furent remplies d'une tisane chaude et rosée et quelqu'un dit quelque chose comme « karangali vellum » en pensant m'éclairer.

Puis un beau texte fut récité pendant quelques minutes. Touche finale, quelques gouttes d'eau furent versées dans la main droite, pendant qu'on récitait quelques phrases et l'eau servit à asperger le pourtour de l'assiette dans le sens des aiguilles d'une montre. La nourriture était simple et délicieuse, mais je n'avais jamais mangé autant de riz avec si peu de sauce. Je ne voulais pas redemander de la sauce car la marmite paraissait bien petite et déjà presque vide.

Amma resta avec nous mais ne mangea pas. Elle parlait avec beaucoup de vivacité. À un moment elle s'approcha et me tira l'oreille droite pour une raison quelconque. Grand éclat de rire. Je me sentais incroyablement à l'aise au milieu de ces étrangers qui riaient tous à mes dépens. En fait, je riais moi aussi, car la gaieté est très contagieuse. Heureusement quelqu'un pensa à traduire : « Amma dit que ton visage lui est familier. La marque sur ton oreille est là depuis qu'elle t'a tiré l'oreille pour une bêtise que tu as commise la dernière fois. » Hummm. Que signifiait « la dernière fois ? » Et c'est vrai que j'ai cette marque de naissance à l'oreille.

Sans raison apparente, un souvenir oublié me revint en mémoire. Petite, je réclamais toujours du riz avec une noisette de beurre pour le petit-déjeuner. Mes frères et sœurs mangeaient tous des céréales, mais ma pauvre maman devait toujours me faire du riz au petit-déjeuner. Les pièces du puzzle se mettaient en place. Le repas terminé, Amma prit congé.

MON PREMIER ARCHANA

Je dormis pendant presque 14 heures avant d'être réveillée par le son d'une cloche. Mon réveil de voyage indiquait 4:00 du matin. Un emploi du temps collé sur le mur de la pièce affichait : 4:30

du matin – Archana. Je ne savais pas de quoi il s'agissait mais j'avais envie d'y aller. Après m'être aspergée d'eau froide en guise de douche, je sortis avant l'aube dans le petit matin noir et frais.

La salle de méditation était située en dessous de l'appartement d'Amma. Elle mesurait environ 4.50 m sur 6 m. Par la fenêtre je distinguai une douzaine de personnes assises en silence. Je pensais qu'il y avait tout juste assez de place pour moi à côté de la porte et que je pourrais m'y installer sans gêner personne. J'entrai alors sur la pointe des pieds et je commençai à m'installer à cet endroit quand je remarquai que tout le monde se déplaçait pour me faire de la place. Quelle courtoisie, ces moines… L'espace le long du mur à droite de l'entrée fut instantanément libéré ; ils s'étaient tous serrés de l'autre côté de la salle. Maintenant j'avais plus du quart de la salle entière pour moi toute seule ! Comme j'étais la seule femme, sans doute laissaient-ils de la place pour les deux autres filles qui vivaient à l'ashram. J'ignorais que je m'étais introduite dans l'espace réservé aux hommes !

Inconsciente, je m'installai, repliai ma jambe en position du demi lotus et essayai d'ajuster la robe toute simple que je portais pour m'asseoir convenablement. Personne ne me prêtait plus attention, c'était clair, je n'eus donc aucun mal à me détendre et à me concentrer.

La récitation commença, en sanskrit. C'était la première fois que j'entendais cette langue et que je méditais dans les règles de l'art. Mais j'avais hâte d'apprendre tout cela, alors je m'assis les yeux fermés et je me laissai porter par les vibrations de ces intonations rythmées. Mon esprit se calmait agréablement quand je remarquai une augmentation distincte de l'intensité et de la concentration de l'archana. Une voix profonde, riche en harmoniques, venait de se joindre aux autres et j'entrouvris les yeux un instant. C'était Amma ! Quel bonheur qu'elle fasse l'archana avec nous ! Et oh… sans livre, contrairement aux autres. Elle le connaissait par cœur !

Personne ne m'avait dit qu'Amma viendrait. Comme elle était belle ! Elle portait un long vêtement soyeux de couleur blanche qui arrivait jusqu'au sol, noué à la nuque, elle avait les cheveux relevés en chignon au sommet de la tête. Elle scintillait d'énergie, assise par terre à côté des autres sur un simple tapis. Soudain, la salle fut inondée d'énergie. Pour ne rien perturber, je fermai les yeux et m'absorbai dans la vibration du son. Sans raison apparente, les larmes montèrent et mon cœur s'emplit d'une sensation aimante et chaleureuse. Peut-être mon âme reconnaissait-elle les « Mille Noms de la Mère divine » comme on retrouve un vieil ami, perdu de vue depuis longtemps.

NOMS AU PETIT-DÉJEUNER

Après l'archana, chacun se dispersa dans la cocoteraie pour un long moment de méditation. Je trouvai un endroit calme et je m'y essayai. Comme on ne m'avait jamais enseigné la méditation, j'imaginais que c'était difficile, mais la bénédiction d'Amma devait être là car mon esprit coula comme une pierre dans un calme profond. Un silence complet enveloppa mon esprit et ma conscience s'aiguisa. J'ignore combien de temps je restai assise. Une cloche sonna et je revins à mes sens. Me levant, j'époussetai le sable et je retournai à la maison familiale. Il y avait une marmite fumante de gruau de riz, servi dans des assiettes en inox. Un petit bol placé à côté contenait du sel. Il faudrait sans doute quelque temps pour que je m'habitue à ce petit-déjeuner.

Après la vaisselle, une résidente occidentale s'approcha de moi. Elle avait l'air si gentille et accueillante. Elle me demanda ainsi qu'à Flora de monter le plateau du petit-déjeuner à Amma. Nous voilà parties... La porte s'ouvrit, Amma était assise sur le sol avec sa chevelure dénouée, incroyablement radieuse. Amma était simplement éclatante de lumière ! Elle leva les yeux vers nous et se tourna vers quelques personnes assises avec Elle en s'exclamant :

« Kusuma et Kushula ! » Tout le monde hocha la tête avec une sorte de reconnaissance et un moine traduisit : « Amma dit que tu es Kusuma ». Il pointait le doigt vers moi. « Et toi tu es Kushula » dit-il en désignant Flora. Il expliqua ensuite que ces deux noms apparaissaient l'un après l'autre dans l'archana. « Ce sont vos nouveaux noms » dit-il. Tout le monde avait l'air si heureux, et Amma nous fit signe de nous joindre à eux. Je remarquai que le petit-déjeuner d'Amma n'avait pas l'air très différent du nôtre ! Seulement un bol en plus de racines de tapioca bouillies et un petit plat contenant un *chutney* brillant et rouge. Amma distribua le tapioca à chacun et continua ensuite une discussion que notre arrivée avait interrompue. L'ambiance était détendue et animée.

Plus tard dans la matinée, on me demanda de m'inscrire au « Bureau », ce qui signifiait m'asseoir dans une petite salle à côté de la maison familiale d'Amma et signer un grand registre, montrer mon passeport et mon visa. Le moine connu maintenant sous le nom de Swami Purnamritananda m'aida pour ces formalités et il me demanda : « Combien de temps restes-tu ? » La réponse m'échappa : « Toujours ! » Il me regarda avec perplexité. Mais ensuite il hocha la tête en connaissance de cause. « Mais maintenant seulement jusqu'à la fin de ton visa touristique de six mois ». Il nota tout cela et me rendit mon passeport avec un sourire.

Une autre petite pièce à côté du bureau était consacrée à la bibliothèque, remplie d'une collection exceptionnelle et rare de livres merveilleux, dont beaucoup avaient été donnés par Nealu, le moine américain connu maintenant comme Swami Paramatmananda – l'homme maigre que nous avions rencontré la veille dans la hutte. Le moine qui s'occupait de la bibliothèque m'aida à trouver la traduction anglaise du *Sri Lalita Sahasranama* – les Mille Noms de la Mère divine. Je lui demandai de m'indiquer les noms 'Kusuma' et 'Kushula'. Il me dit qu'ils étaient dans les versets

435 et 436 : *champeya kusuma priya* et *kushula* : respectivement 'fleur bien-aimée champaka' et 'l'intelligente'.

J'empruntai le livre et je commençai à recopier les mille noms de la Mère divine dans un livre que je confectionnai en pliant des feuilles de papier et en les reliant avec une couture centrale. Mon cœur palpitait d'excitation. C'était un rêve qui se réalisait ! Je disposais aussi des traductions anglaises et ce travail m'absorba des heures durant. Bientôt, j'eus pour les prières du matin mon propre livret fait main en anglais, qui allait rester mon livret d'archana pendant les premières années.

L'après-midi Amma envoya deux résidents occidentaux pour m'accompagner au village de Kayamkulam afin d'acheter des saris et d'autres affaires de base. Quand Amma vit que j'étais venue d'Amérique avec juste un petit sac, elle demanda pourquoi. Je lui dis que mon souhait était de porter un sari et qu'il était donc inutile d'apporter une grosse valise de vêtements. Mon idée était de trouver tout le nécessaire sur place. Elle hocha la tête à droite et à gauche, à la façon dont les indiens expriment leur approbation. Amma demanda aussi à son intendante de m'aider à mettre correctement le sari. Je sentais que chaque détail était important pour Amma.

Ce soir-là, j'assistai à ma première session de *bhajans* (chants dévotionnels), que j'attendais avec grande impatience. À cette époque il n'existait pas de livres de chants imprimés, encore moins en anglais, et aucun enregistrement officiel. Mais j'avais entendu un des bhajans d'Amma sur une cassette grésillante que Greg avait diffusé pendant le diaporama quelques mois plus tôt. La voix d'Amma et la mélodie de cette chanson étaient captivantes, même si les mots étaient difficiles à discerner. C'était quelque chose comme « Amme Bhagavad Gita nitya… » J'étais si impatiente d'entendre Amma chanter en personne ! Alors, dans mon nouveau sari à carreaux et pourvue d'un petit tapis tressé, je pris place devant le kalari dans la véranda qui offrait un espace suffi-sant pour tous les résidents de l'ashram.

Un parfum d'encens flottait sur une légère brise marine et une lampe à huile rayonnait une lumière dorée. Les couleurs du coucher de soleil embrasaient le ciel, où l'on pouvait voir quelques aigles planer dans le vent. Amma nous rejoignit. Elle s'assit face à l'Est, à gauche des portes ouvertes du temple. Le joueur d'harmonium faisait face à Amma et les tablas étaient disposés à côté, également face à Amma. Chose étonnante, je trouvais plus confortable pour mes yeux de les laisser fermés. Il était très facile de se laisser absorber par les chants d'Amma, si puissants et si naturels. Ses bras se levaient et évoluaient avec grâce comme les oiseaux s'élançant dans les airs. Le visage tourné vers le ciel, son corps se balançait gracieusement au rythme de la mélodie. À travers son chant, Amma appelait avec tant de ferveur qu'une pensée me traversa : « Personne au monde ne pourrait appeler le ciel comme cela ! Pas même Aretha Franklin ! »

Après le premier chant, Amma se pencha en avant et dit doucement quelque chose au joueur d'harmonium. À ma grande surprise et à mon grand plaisir, il joua les premières notes d'une chanson que j'avais entendue au Nouveau Mexique :

amme bhagavati nitya kanye devi,
enne kataksippan kumbitunnen
maye jagatinte taye chidananda
priye mahesvari kumbitunnen

O Mère divine, Vierge éternelle,
je me prosterne devant Toi
pour que Tu m'accordes un regard miséricordieux.
O Maya, Mère de l'univers, pure Béatitude,
Déesse bien-aimée, devant Toi je me prosterne.

J'étais emportée, submergée par l'émotion d'entendre Amma chanter ce chant, ce chant qui m'avait appelée du bout du monde pour rencontrer la Déesse aux yeux de braises scintillants. Comment pouvait-Elle choisir ce chant ? Etait-ce une simple coïncidence ? Une pensée surgit de nulle part et se fixa dans mon esprit. Je n'avais plus rien à chercher. La détermination avec laquelle j'avais cherché la Mère antique, s'était avérée fructueuse au-delà de mes rêves les plus fous. Les larmes ruisselaient sur mes joues, et il n'y avait plus besoin de chercher quoi que ce soit. Chaque partie de mon être était comblée. Je n'avais aucun doute.

TROISIÈME JOUR

L'archana était encore plus merveilleux avec mon nouveau livret manuscrit. Cependant ce matin-là, Amma ne nous rejoignit pas, ce qui me fit comprendre combien la matinée précédente avait été spéciale. Mais la chance était avec nous... En quittant la pièce après l'archana, on pouvait voir Amma, à quelque distance de là, assise en méditation sous un cocotier dans la cour située à l'avant. Suivant l'exemple des autres, chacun s'asseyant en différents endroits, je m'installai à distance respectueuse. Curieusement, il était très facile de plonger dans une profonde méditation, sans jamais avoir pratiqué auparavant. Je savais que cela était dû à la bénédiction d'Amma, car mon esprit était généralement aussi agité qu'un singe. Lorsque nous avions rejoint Amma, il faisait encore nuit et voilà que j'entendais maintenant le carillon d'une cloche qui nous appelait pour le petit-déjeuner de 9h. Où le temps était-il passé ?

Après le petit-déjeuner, Amma alla faire un tour et elle m'appela pour que je me joigne à Elle. Elle prononça mon nom "Kusumam" avec une telle tendresse que je sentis mon cœur se serrer. Grâce à un interprète, je demandais si je pouvais aider et participer à certaines tâches de l'ashram. Le visage d'Amma s'éclaira. Elle prit ma main dans les siennes et nous sortîmes en direction de la cuisine. Amma donna quelques ordres et un tas de légumes apparut, avec quelques couteaux et une planche à découper. Un grand récipient vide était posé à côté d'Amma. Je reçus la planche à découper et Amma, avec une dextérité et une vitesse incroyables, commença à couper les légumes dans le creux de sa main. On ne pouvait discerner la petite machette qu'elle maniait avec adresse, tant celle-ci bougeait vite. Comment pouvait-on couper les légumes à une telle vitesse ?

Au bout de cinq minutes, je fus émerveillée de constater que la pile d'Amma était dix fois plus grande que la mienne. Elle était centrée sur la tâche, mais suscitait aussi le rire des autres qui s'étaient rassemblés pour regarder. À un moment, Amma se tourna vers moi et dit quelques mots, que des moines traduisirent. « Amma dit qu'un petit arbre a besoin d'une clôture de protection. Alors il peut grandir. Sinon les vaches le mangent. » J'intégrai cela et je sus qu'Amma m'encourageait à converser avec elle. J'étais touchée par ce qu'Amma avait dit et je me tus. Couper les légumes n'avait jamais été aussi amusant ! Voilà c'était terminé.

Nous nous sommes ensuite rendues au lavage des marmites. Nous avons traîné la grosse marmite pour le riz ainsi que d'autres récipients au-dehors, jusqu'au robinet derrière la cuisine. Une cuvette remplie de cendres et deux grands ballots de fibres de noix de coco étaient les seuls outils nécessaires pour accomplir le travail. Incroyable comme on peut obtenir des marmites propres en utilisant simplement de la cendre mélangée à du sable. Quand arriva l'heure du déjeuner, ma décision était prise : je ferais la plonge des marmites. Pendant six mois, après chaque repas et après chaque distribution du lait, je viendrais à la porte arrière de la cuisine pour recevoir les récipients sales, les laver et les redonner propres et brillants. J'étais aux anges !

LE DARSHAN DU DEVI BHAVA

Le jour suivant était un dimanche, jour de mon premier darshan de Dévi Bhava. De nombreuses personnes étaient arrivées dans l'après-midi et l'atmosphère était très festive. Amma dirigea les bhajans au coucher du soleil puis entra dans le kalari. Les portes du temple se refermèrent. Un résident m'informa que je pouvais rester à l'intérieur si je le souhaitais et il me montra où je pouvais me tenir afin d'être parmi les premiers à entrer. Tout le monde chantait de tout son cœur lorsque les portes du temple s'ouvrirent. Amma tenait une lampe à la flamme vive, qui jaillissait du camphre odorant. Une couronne d'argent et d'autres objets que je ne pus pas reconnaître décoraient un petit tabouret au centre du temple. Le chant qu'Amma entonna était « Ambike Dévi », la même chanson qu'Amma chante encore avant de s'asseoir pour le Dévi Bhava :

ambike devi jagannayike namaskaram
sharma dayike shive, santatam namaskaram

Ô Mère Ambika, Ô Maître du monde, salutations !
Ô Shivâ, qui procure le bonheur, salutations éternelles !

shanti rupini sarva vyapini mahamaye
antadi hine atma rupini namaskaram

Ô Toi dont la forme est la paix, qui es omniprésente, Ô grande Illusion !
Sans commencement ni fin ! Ta vraie forme est le Soi,
Je m'incline devant Toi !

Avant la fin du chant, les portes se refermèrent et l'intensité de la musique augmenta. Ne sachant pas à quoi m'attendre, je récitais mon mantra, les yeux rivés sur les portes du temple. Peu après, elles se rouvrirent mais cette fois, Amma était parée de la façon la plus magnifique qu'on puisse imaginer. Mon cœur déborda spontanément d'amour, rempli d'un souvenir lointain. Maintenant, assise sur le petit tabouret, vêtue d'un sari chatoyant de couleur vert émeraude, les mains posées sur les genoux, Amma tenait de la main droite une épée et de l'autre un trident. On pouvait entendre le tintement de ses bracelets de cheville se mêler au son de la récitation des mantras, au retentissement de la conque, et à la sonnerie de la cloche du temple. Les yeux d'Amma étaient fermés. Au bout d'un moment, ils s'ouvrirent. Je me tenais à quelques mètres d'Amma, juste à côté de la porte du temple. Une vague de chaleur et de lumière que je ne peux décrire déferla en moi. Ses yeux étaient des bassins éblouissants remplis d'amour et de lumière. Le monde entier avait disparu ; pour moi, il n'y avait plus que Dévi. Quelqu'un m'encouragea à entrer dans le temple. Je touchai le seuil de la main droite, ainsi qu'on me l'avait montré, et j'entrai.

L'énergie à l'intérieur du temple était environ mille fois plus puissante. Le corps entier d'Amma vibrait subtilement et l'air était comme surchargé d'électricité. Je plaçai mon asana *(petit tapis pour s'asseoir)* contre le mur à gauche d'Amma, un peu en avant et je m'agenouillai dans une salutation. Une des résidentes occidentales était assise juste à la gauche d'Amma et l'aidait à plusieurs tâches. Amma me regarda et me sourit ; mon esprit fondit. Mes yeux se fermèrent et je m'installai sur mon asana. À un moment quelqu'un vint me chuchoter à l'oreille : « dîner », mais c'était comme si le son fut provenu d'un endroit lointain, déconnecté de mon ouïe. Peut-être Amma leur avait-elle dit de ne plus me déranger car le temps passa... En fait, la nuit entière s'écoula avant qu'une main ne me touche doucement l'épaule. Je sus alors que je devais me lever. Amma se déplaçait dans le temple. Elle s'arrêta devant chaque personne qui était encore à l'intérieur, dix ou douze d'entre nous, et leur donna une dernière étreinte.

Amma vint vers moi en dernier. Elle plaça la main sur mon épaule et plongea son regard profondément et longuement dans mes yeux. Ses yeux dégageaient tant de puissance et de lumière. Quel que soit le nom de cette transmission, elle pénétra jusqu'au cœur de mon être, et calma complètement mes pensées. Mon esprit fondit en cet instant, buvant tout l'amour qui y était déversé. Lorsqu'elle m'étreignit, il me fallut rassembler toutes mes forces pour rester debout.

"VOUS AVEZ LE MÊME POUVOIR"

Le Kalari
Décembre 1983

Les mardi, jeudi et dimanche soirs, j'avais pris l'habitude de m'asseoir au même endroit pour méditer pendant tout le Dévi Bhava, me levant seulement à la fin pour la dernière étreinte d'Amma. Ces soirs-là je ne dînais pas. La fin d'une de ces nuits approchait, quand je perçus une sorte d'agitation à la porte du temple. En regardant dans cette direction, je fus horrifiée de voir là un homme, plus mort que vivant, qui attendait pour entrer. Son corps entier était couvert de plaies, quelques-unes suintantes de pus, ses yeux rétractés dans leurs orbites remplies de mucus, ses oreilles atrophiées pleines de plaies et sa tête sans cheveux, gonflée comme un melon trop mûr. Je n'ai pas besoin de préciser que l'odeur était très forte. Je fus saisie d'une envie de vomir et en même temps j'étais au bord de l'évanouissement. Quelqu'un allait certainement l'empêcher d'entrer dans le temple !

Jetant un bref coup d'œil à Amma pour voir sa réaction, mon esprit resta confondu. Son visage fondait d'amour, comme si son parent préféré, perdu de vue, était réapparu. Elle lui fit signe d'entrer dans le temple et lui ouvrit les bras. Il posa la tête sur l'épaule d'Amma, comme chaque dévot l'avait fait cette nuit-là. Le visage d'Amma rayonnait encore plus d'amour qu'auparavant. Prenant de la cendre sacrée dans ses mains, elle en enduisit les bras et le dos de l'homme, encore et encore, en le consolant d'une voix douce et tendre. Lui même gardait le silence, sa tête défigurée inclinée vers le sol, complètement détendu pendant qu'Amma prenait soin de lui. Rappelez-vous que je me tenais à moins d'un mètre, et l'effet visuel de cette scène était pour le moins déroutant pour moi.

Mais le plus intense était encore à venir. Apparemment insatisfaite de son effort, Amma fit tourner le lépreux sur lui-même afin que son dos soit face à Elle. Quelques-unes des plaies les plus actives et les plus vilaines étaient sur le haut de son dos. Après toutes ces années, j'ai encore envie de pleurer quand j'écris cela. Amma l'attira à elle et avec la bouche elle commença à sucer doucement le pus et à le recracher dans un petit bol en cuivre que son aide tenait à son côté. Le visage d'Amma dénotait la pureté de son intention. Il n'y avait aucune trace de répulsion ni du désir de terminer au plus vite une tâche répugnante. Amma donnait l'impression d'avoir tout son temps pour cette personne. Puis, de la langue, elle lécha les plaies les plus suppurantes et passa son index dessus, comme pour sceller un joint. Et ceci dura un certain temps. Finalement Amma lui donna du prasad, de l'eau bénie et une banane. Elle se leva, et termina le Bhava Darshan.

Les deux jours suivants, mon esprit demeura en état de choc. Ayant reçu une éducation en science de l'environnement à l'université de Berkeley, j'étais absolument incapable de saisir pourquoi Amma faisait ce qu'elle faisait. Quelques résidents essayèrent de répondre à mes questions. Le moine qui est maintenant Swami Amritaswarupananda m'expliqua que le lépreux venait depuis quelques temps, il s'appelait Dattan. Le moine devenu Swami Amritatmananda dit qu'Amma le guérissait et que son état s'améliorait beaucoup. Leurs réponses alimentèrent le moulin de mes pensées. Je décidai de questionner Amma à ce sujet.

Au milieu de la matinée, je trouvai Amma en train de jardiner avec une grande binette. Dans la cour, elle creusait des rigoles autour des cocotiers afin de retenir l'eau. Le cercle qu'elle formait autour de chaque arbre, destiné à former une digue peu profonde, avait une forme parfaite. Cela me rappela le symbole sur la pierre de granit noire à l'entrée du chemin menant à la maison d'Amma.

Grâce à un interprète je demandai à Amma la permission de l'interroger au sujet du lépreux. Elle posa la binette et m'accorda toute son attention.

« Amma, ce que j'ai vu l'autre nuit n'est pas possible, je veux dire du point de vue scientifique. De tels tissus malades ne peuvent se régénérer. Comment est-ce possible ? »

« Ma fille, veux-tu connaître le miracle ? »

« Oui Amma s'il te plaît, enseigne-moi »

« Le vrai miracle, c'est que tu as le même pouvoir au fond de toi, mais tu ne le sais pas. Amma est venue pour te montrer cela. »

Elle sourit avec douceur, ramassa la binette et reprit son travail avec les arbres. Amma n'allait pas faire tout un plat du fait qu'elle guérissait un lépreux ! Il n'y avait en elle aucune trace d'ego ni d'orgueil. Du point de vue d'Amma, l'acte extraordinaire dont j'avais été le témoin n'avait d'autre sens que d'être un tremplin vers la découverte du Soi. À cet instant, quelque chose vacilla en moi. Toutes les références de ma vie se désintégraient. Il se produisit une fracture tectonique irrévocable dans ma vision du monde. Mon cœur s'ouvrit à cet être magnifique et humble qui désirait seulement me montrer ce qu'il y avait à l'intérieur de mon propre cœur.

À cet instant précis, je décidai de rester auprès d'Amma pour servir et apprendre d'elle tout ce qu'il y a à savoir. C'était un de ces moments dans la vie où vous savez. Simplement vous savez. Votre cœur sait avec une certitude absolue. Et à partir de ce point nous avançons, sans plus jamais être pareils, remodelés dès cet

Amma avec Dattan

instant d'écoute, de position de témoin. Une résonance jusqu'alors inconnue faisait écho dans la cavité la plus profonde de mon cœur, me mettant sur le chemin spirituel que je continue aujourd'hui.

Depuis 29 ans j'ai médité sur l'image d'Amma ouvrant ses bras à Dattan le lépreux. Je l'ai regardée sous presque tous les angles. M'imaginant être lui, pour plonger dans son expérience où il a émergé de la mort pour entrer dans la vie, grâce à la miséricorde de la Mère divine. Imaginant le prendre dans mes propres bras. Impossible. M'abandonnant avec délices dans le souvenir de la beauté intense et incandescente de cet amour pur sur le visage d'Amma alors qu'elle le prenait dans ses bras. Et quel est le message récurrent ? Que l'amour était de loin plus important que la guérison, selon le point de vue d'Amma.

De plus, nous avons tous la puissance de cet Amour suprême à l'intérieur de nous. Appelez cela l'amour de Dieu, Amour divin, ou 'Prema' ce qui signifie Amour suprême en sanskrit ; de quelque façon qu'on choisisse de le nommer, il est le tout-puissant, toujours victorieux, l'Amour éternellement universel. Selon les saints et les sages de toutes les traditions, cet amour est notre vraie nature, nous sommes simplement coupés de lui. Le but de la vie spirituelle est de s'éveiller à cet Amour suprême qui est notre nature innée, notre plus grand potentiel intrinsèque en tant qu'êtres humains. En suivant le chemin de l'amour, je trouverai cet Amour.

Qui a le pouvoir de donner la vie à un mourant ? Ceux qui sont investis de ce pouvoir n'ont pas à salir leurs beaux habits de soie en étreignant un homme au corps putride. Il suffit qu'ils lui montrent leurs paumes et rayonnent le pouvoir de guérison par la puissance de leur esprit. Ils ont ce pouvoir. Mais pour Amma, montrer à Dattan, un homme rejeté par tous ses proches et laissé pour mort, qu'il était aimé, était la plus puissante des deux possibilités. Qui possède un esprit qui conçoive cela ? Qui est l'arbitre du destin ? Elle marche parmi nous, et son nom est Mata Amritanandamayi. La Mère de Pure Grâce.

CHAPITRE 2

Je me jette à l'eau

Rien n'a changé auprès d'Amma. Tout se passe aujourd'hui comme autrefois. En une seule journée on peut vivre des expériences innombrables. C'est ainsi que les mois filèrent. Le programme de l'ashram affiché au mur de ma chambre me servait de repère quotidien.

4 h 30 :	archana
6 h – 9 h :	méditation/yoga
9 h :	petit déjeuner
10 h :	cours sur les écritures
11 h – 13 h :	méditation
13 h :	déjeuner
14 h – 16 h :	temps libre
16 h – 17 h :	cours
17 h – 18 h 30 :	méditation
18 h 30 – 20 h :	bhajans
20 h 30 :	dîner
21 h 30 – 23 h :	méditation

Ma première grande découverte fut que j'adorais méditer. Toute ma journée s'organisait autour des séances de méditation. La plupart du temps, je m'asseyais dans la véranda du Kalari. Pendant des heures. Ainsi, j'étais à deux pas des repas, des cours et de la vaisselle. Efficace, en état de ravissement, je ne gênais personne. Je me levais pour aller prendre mes repas ou laver les marmites et puis je revenais en me promenant au Kalari pour me remettre en position de méditation. Ainsi passèrent les jours puis les semaines et les mois.

LES COURS

Le grand moment de la journée, c'était les cours. Bhagavad Gita le matin, et une des Upanishads l'après-midi. Je me rappelle en particulier un matin où Amma était venue en personne inaugurer un nouveau cours. Elle s'assit dans le Vedanta Vidyalayam situé à l'angle ouest du Kalari, un petit abri extérieur qui se résumait à un simple toit au-dessus d'une dalle en béton.

Assise sur une petite estrade avec une pile de livres à côté d'elle, Amma alluma la lampe à huile qui était utilisée dans de telles occasions pendant que le moine qui donnait le cours dirigeait la psalmodie. Amma lança des pétales de fleurs sur les livres et sur nous et bénit un *kindi* (vase rituel en laiton) rempli d'eau puis elle aspergea tout autour d'elle. Alors, un par un, chacun de nous avança vers Amma, la salua en pranam, et reçut le nouveau livre de ses mains. Je regardai mon livre intitulé « Vedanta-Sara », par Adi Shankaracharya.

L'étude du Védanta fut une révélation pour moi. Adi Shanka-racharya expliquait dans les moindres détails ce qu'était la philo-sophie de l'unité et du champ unifié de pure conscience, de pure existence qui servait de substrat à l'univers. Si nous nous attelons à la tâche, il est en vérité possible d'expérimenter directement l'unité, d'aller au-delà de notre réalité apparente. C'est le but de toute vie humaine. Il ne s'agit pas d'une expérience qu'il faudrait atteindre, nous existons déjà dans cet état. Mais du fait de notre manque de compréhension, nous nous identifions au corps et au mental, tout deux impermanents, et non à leur substrat éternel – la pure conscience.

Comprenons que tout plaisir sensuel est éphémère et s'avère finalement source de souffrance. Plus cela est clair à nos yeux, plus il est facile de se détacher des attractions et des aversions égoïstes. Peu à peu s'éveille en nous la vraie vision du monde, de nous-mêmes et de Dieu et nous les vivons tous trois comme étant par essence une seule et même pure conscience. Une fois notre vision corrigée par la compréhension spirituelle, toutes nos peurs disparaissent.

Les désirs égoïstes s'évanouissent. Ainsi nous sommes libérés de notre égoïsme. Nous ne devenons pas pour autant inactifs, nous continuons à agir, comme Amma, c'est-à-dire au service du monde, et non pas dans notre propre intérêt. Pour un esprit scientifique comme le mien, le Védanta-Sara de Shankaracharya était un baume pur qui me soulageait. Mon esprit buvait ces explications limpides au sujet de la vraie réalité comme on boit de l'eau après une longue marche dans le désert.

Nous étions trois femmes à l'ashram. Les deux autres étaient australiennes. Nous avions toutes à peu près le même âge mais j'étais la plus jeune. L'une des deux Australiennes était principalement l'assistante personnelle d'Amma tandis que l'autre femme, du genre calme et intellectuel, servait Amma pendant les darshans du Dévi Bhava. Nous avions chacune des tâches spécifiques et, dans la journée, nous n'avions pas une minute pour bavarder entre nous. J'appris à les connaître uniquement en servant Amma et l'ashram, côte à côte avec elles.

J'admirais en elles cet air si particulier qu'elles avaient de toujours savoir ce qu'il fallait faire. L'une d'elle récitait constamment son mantra, en silence bien sûr, tout en pourvoyant aux besoins immédiats d'Amma comme la cuisine, le ménage, la lessive. Elle était très efficace dans son travail et trouvait aussi le temps de me confier des tâches particulières qui me donnaient l'occasion d'être près d'Amma.

L'autre femme faisait preuve de tout autant d'efficacité côté érudition. Je remarquai qu'après chaque cours, pendant que je m'installais pour une session de méditation, elle retournait dans sa chambre pour recopier consciencieusement les notes qu'elle avait prises en cours dans un grand cahier de type registre ; elle y

ajoutait les versets en sanskrit sur lesquels nous venions de travailler et leur traduction anglaise. Ce que j'avais fait à l'université dans le domaine scientifique, elle le faisait dans le domaine des Écritures sacrées. Sa concentration et son amour envers Amma pendant le Dévi Bhava étaient impressionnants. Elle restait tranquillement présente à côté d'Amma, sans jamais rater une seconde jusqu'à la fin, c'est-à-dire en général jusqu'à trois ou quatre heures du matin.

Je me demandais si je ferais un jour preuve de pareille autodiscipline. Je baignais dans les concepts spirituels que nous apprenions en cours et pratiquais le service désintéressé en lavant les marmites, mais c'était la méditation qui constituait le cœur de ma pratique spirituelle.

UNE SÉANCE DE YOGA

Un matin, Amma m'appela dans sa chambre peu après le petit déjeuner. Quelqu'un lui avait dit que je connaissais le hatha yoga et elle voulait voir mes *asanas* (postures de yoga). Quelques résidents étaient tranquillement assis dans un coin et ne faisaient pas très attention à moi. Donc je commençai par faire la Salutation au Soleil. Puis je restai un long moment debout sur un pied dans la Posture de l'Archer. Après la posture sur la tête, j'effectuai quelques autres postures qu'Amma me demanda de prendre. Je ne me considérais pas comme une experte en yoga car j'avais vaguement appris à pratiquer avec la mère d'un ami de lycée qui m'avait montré les bases. Mais Amma adora ce que je faisais et me fit prendre et reprendre certaines postures.

Enfin Amma me demanda de m'asseoir en face d'elle en lotus complet. Jusque-là c'était assez facile. Amma aussi se mit en position de lotus complet, ses genoux contre les miens. Et c'est là que nous commençâmes à nous amuser ! Amma se pencha en avant et m'attrapa par les avant-bras. Je fis de même. Alors, nous commençâmes à tourner dans le sens des aiguilles d'une montre, en décrivant d'abord lentement un petit cercle qui devint de plus en plus grand. Amma se déporta bientôt vers l'arrière, juste au ras du sol, tandis que je me penchai en avant pour contrebalancer le poids et la force du mouvement d'Amma. Puis mon torse fut déporté vers l'arrière, juste au ras du sol, à peine redressé pour ne pas toucher le sol, tandis que le poids et le balancement d'Amma faisaient contrepoids.

Par la pression de ses mains, Amma me demanda d'accélérer. Et ainsi, nous tournâmes et virâmes parfaitement en rythme. Je n'avais jamais fait cela avant. C'était plus que grisant. J'entendis l'assistante à genoux tout près, nous dire : « Faites attention, vous allez vous cogner la tête ! Faites attention ! Arrêtez maintenant ! ». Mais je savais qu'Amma et moi étions parfaitement synchronisées, puisque je tournais penchée vers l'avant quand elle tournait penchée vers l'arrière. En tout cas, il n'était pas question d'aller moins vite puisque c'était Amma qui menait le jeu, pas moi ! Elle finit par ralentir et nous nous effondrâmes toutes les deux en éclatant de rire. Je n'avais pas du tout la tête qui tournait, par contre mon âme avait sans aucun doute été essorée.

Lorsque nous eûmes repris notre souffle, Amma me demanda d'enseigner le yoga aux autres résidentes. Le cours aurait lieu dans la chambre d'Amma le matin, une fois qu'elle serait descendue. C'est ainsi que le premier cours de yoga pour femmes de l'ashram fut lancé par Amma, la plus grande yogini de l'univers !

J'APPRENDS À FAIRE LA LESSIVE

Derrière la maison de la famille d'Amma, il y avait trois pierres à laver et un robinet où il arrivait même parfois qu'il y eût de l'eau. C'est là que j'essayai de faire la lessive la première semaine. Mais comment faire exactement avec cette espèce de grosse pierre à laver ? J'étais arrivée là, armée de mon seau, d'un savon Rin et d'une belle quantité de vêtements tachés. Si vous croyez que ça va de soi ! Remplir le seau, faire tremper les vêtements, frotter avec le savon, brosser avec une brosse en plastique les endroits qui en ont réellement besoin, essayer de ne pas éclabousser le voisin, et bien sûr, ne pas gaspiller d'eau.

Au début, ça semblait se passer plutôt bien, je veux dire que l'opération se déroulait normalement, sauf que je mettais beaucoup plus de temps que les autres. Ne voulant pas que l'on pense que j'étais une débutante mal dégrossie, pendant que je faisais la queue au robinet, j'en profitai pour regarder comment les autres procédaient. Ah ! Ils battaient puis frottaient les tissus sur la pierre. Bien plus efficace que ma toute petite brosse. Alors, après avoir fait le plein d'eau, je me mis à en faire autant. C'est du moins ce que je crus.

Finalement, un des moines, aujourd'hui Swami Amritaswar-upanada, se tourna vers moi et me dit très poliment : « Si tu tapes tes vêtements sur la pierre comme ça, il n'en restera plus rien. Regarde, essaye plutôt de faire comme ceci. » J'étais réellement touchée qu'il ait voulu m'aider à améliorer ma technique et qu'il n'ait pas eu peur de me le dire. Il avait raison, car il fallait donner un petit coup de poignet pour faire tourner le vêtement en l'air afin qu'il retombe sur lui-même et non pas directement sur la pierre dure. En fait, le petit mouvement mettait le vêtement un peu plus en boule, ce qui permettait aux taches et à la saleté de partir. Et bien plus vite, par-dessus le marché. En faisant deux fois moins de bruit et en envoyant bien moins de bulles de savon au voisin, chose qui est vraiment mal vue. Je finis mon seau de linge sale en un rien de temps et laissai la place au suivant, tout heureux de pouvoir s'installer.

TRAVAIL DE NUIT

Le soir après les bhajans, j'étais chargée de suivre Amma, avec une bouteille, un éventail et une serviette pour le visage. Si Amma demandait quelque chose de particulier, je courais le chercher. Si Amma appelait quelqu'un, j'allais le chercher. Amma déambulait, parfois seule mais plus souvent en compagnie de dévots qui venaient d'arriver ou de résidents. Elle s'asseyait sous les cocotiers ou à la porte des huttes, de longues discussions se prolongeaient dans la nuit. Parfois, Amma riait avec espièglerie et plaisantait à la ronde, parfois on abordait des sujets sérieux. Pendant ce temps je faisais sans arrêt du mantra japa tout en restant continuellement attentive aux besoins d'Amma. Son énergie ne faiblissait jamais, elle faisait attention aux problèmes et aux besoins des autres. Elle consacrait tout son temps à ceux qui étaient venus la trouver. Elle renonçait à se nourrir et à dormir, jour après jour, c'était difficile pour moi de tenir le rythme, même à 23 ans !

Une nuit après les bhajans, quelqu'un apporta à Amma une tampura, un instrument de musique à quatre cordes qui résonne comme un bourdon. Amma se mit à en jouer en regardant les étoiles. J'observai son visage et je la vis entrer en *samadhi*. Je n'avais jamais vu quelqu'un glisser dans cet état et je ressentis une vague de paix purifiante. Je ne voulais pas déranger Amma dans ce moment de pure félicité en la dévisageant. Son visage rayonnait d'une incandescence lunaire qui semblait émaner de l'intérieur. La splendeur du rayonnement d'Amma s'intensifiait de plus en plus.

Des larmes coulèrent silencieusement sur ses joues pendant quelque temps. Puis un rire doux, tel un murmure, se fit entendre ; il semblait venir d'un autre plan d'existence. Il se prolongea assez longtemps, puis s'éteignit. C'est cette nuit-là que je réalisai que ce chemin d'amour était bien plus profond que je ne l'avais imaginé. La conscience d'Amma resta absorbée pendant des heures. Je restai assise près d'Amma jusqu'à ce qu'elle ouvrît les yeux, juste avant l'aube. Tandis que la nuit passait les moines, assis en méditation, baignaient dans cette atmosphère sublime.

CHAQUE NUIT

Chaque nuit, Amma demandait à une ou deux filles de venir donner un coup de main dans sa chambre. Si vous voulez vraiment connaître quelqu'un, allez voir sa chambre. La mienne est en désordre, celle d'Amma est d'une simplicité incroyable. De 4,5 mètres sur 6 mètres au grand maximum, les murs peints en blanc, elle est meublée d'un lit simple avec en dessous des tiroirs pour les vêtements d'Amma. Pas d'autres meubles, pas même une chaise. Amma s'asseyait sur une natte de paille à même le sol pour prendre ses repas. Pas de téléphone ni de télévision, juste un ventilateur au plafond. La « cuisine » consistait en une plaque à deux feux sur un balcon minuscule, et un réfrigérateur lui aussi minuscule. Pour toute décoration, il y avait dans un coin une statue de Krishna en argile peinte et une image de la Déesse Saraswati accrochée au mur, au pied du lit d'Amma.

Au risque de brûler les étapes, je veux vous raconter une anecdote. Un été, il n'y a pas bien longtemps, pendant qu'Amma était en voyage, on lui prépara une nouvelle chambre, magnifique, au bord de la mer. Grande, aérée, lumineuse, avec vue sur la Mer d'Arabie, caressée par la brise marine, sans autre bruit que celui des vagues, équipée d'une cuisine digne de ce nom. À son retour, Amma a refusé de mettre les pieds dans le nouvel appartement en disant que sa chambre habituelle lui convenait très bien. Et on n'en entendit plus parler. Amma garde aujourd'hui l'appartement qu'elle avait autrefois, avec le téléphone en plus bien sûr !

Mais je m'égare. Les nuits étaient calmes dans la chambre d'Amma. Je lui servais un dîner simple pendant qu'elle lisait une pile de lettres et répondait à son courrier. Mais il arrivait aussi qu'Amma travaille. Scénario habituel : Amma en train de lire la lettre qu'elle avait à la main pendant que quelqu'un lui en lisait une autre. Si quelqu'un d'autre entrait dans la chambre, le lecteur s'arrêtait parfois. Et Amma de lui demander pourquoi il s'était arrêté : « Mais j'ai deux oreilles, pas la peine de t'arrêter ». Et c'était bien vrai. Son esprit pouvait être totalement présent à chacune des tâches et les accomplir à la perfection.

C'était aussi le moment de régler tous les problèmes, si des résidents avaient besoin de conseils ou de corrections. Amma avait une « politique de la porte ouverte », la porte de son appartement restait donc ouverte. Nous pouvions si besoin entrer à tout moment. J'ai toujours été surprise que, de jour comme de nuit, Amma n'ait jamais besoin de préserver son intimité, elle consacrait l'intégralité de son temps aux autres. Si les pieds d'Amma ou les muscles de ses mollets étaient douloureux, je les massais, ou j'aidais à préparer ses repas. « Dormir » n'est pas le mot que j'utiliserais pour décrire ce qu'Amma faisait quand elle s'allongeait. C'était plus pour reposer son corps pendant quelques heures. De toute évidence, elle continuait à avoir conscience de tout ce qui se passait, même pendant ce temps, car elle nous réveilla plus d'une fois pour prendre soin de quelqu'un qui était arrivé de nuit ou d'un malade qui avait besoin d'aide.

JE CUISINE POUR AMMA

Une fois on me demanda de préparer un met pour le dîner ; l'autre assistante me conseilla un plat et me donna des instructions précises. Mais au lieu de réciter mon mantra sans interruption, je me rappelle avoir pensé : « Oh, quelle chance j'ai de faire ce plat ! Amma va l'adorer. Peut-être qu'elle me demandera de cuisiner pour elle tout le temps ! ». Je mis dans le plat de l'ego pur, au lieu de mantra pur.

Au moment de servir le dîner, on m'appela pour faire autre chose. J'étais déçue de ne pas voir Amma se régaler de mon offrande. J'étais loin de me douter de ce qui allait se passer. Environ une demi-heure après, quelqu'un vint me chercher en courant. On m'appelait auprès d'Amma dans sa chambre car elle était très malade. Quand j'arrivai auprès d'elle, je fus horrifiée. Amma commença à vomir violemment dans les toilettes, et voulut que je la soutienne. Je me sentais franchement mal, je l'aidai, lui versai de l'eau fraîche, lui offris un verre d'eau pour se rincer la bouche et lui tendis une serviette quand la nausée finit par se calmer. Je savais que cela devait venir du plat que j'avais préparé avec tellement d'ego. Quelle catastrophe!

Les moines étaient très inquiets et voulaient savoir comment j'avais préparé la nourriture, pourquoi j'avais cuisiné ce plat-là, qui en général ne se mange pas le soir. Aussi, une fois qu'Amma l'eut expulsé de son organisme, nous nous assîmes ensemble. Je dis à tout le monde ce qui avait rendu ce plat mauvais et attendis la réaction d'Amma. Elle éclata de rire et me tira l'oreille, l'oreille droite bien sûr, celle qu'elle avait tirée le jour de notre première rencontre. Elle dit à tout le monde – pas seulement à moi – qu'il nous fallait accomplir chacune de nos actions en pleine conscience. Le mantra nous aiderait si nous le récitions continuellement. Il purifierait chaque action si nous le récitions avec *shraddha* – conscience et foi.

Nous écoutions tous attentivement, moi la première bien sûr, puisque c'était vraiment pour moi l'occasion d'apprendre. C'était ainsi qu'Amma enseignait, avec douceur et légèreté pour ne pas humilier quelqu'un en particulier, tout en veillant à faire passer l'essence du message à tout le monde, pas seulement à tel ou tel individu en particulier. Aujourd'hui encore, Amma continue d'agir ainsi. Elle en a réprimandé plus d'un, parfois sans que l'on comprenne de façon évidente pourquoi telle situation suscitait une forte réaction de sa part.

J'ai remarqué que le ton d'Amma était toujours adapté au niveau de conscience de la personne à qui l'enseignement était destiné. Ceux qui avaient des langues acérées récoltaient des réprimandes tranchantes tandis que les plus gentils étaient traités en conséquence. Si une gronderie semblait injuste, en y réfléchissant, j'arrivais toujours à voir clairement ce qui avait besoin d'être corrigé. La tâche d'Amma était de nous libérer de notre sens du « Moi », et du « Mien », de notre égoïsme mesquin. En règle générale, j'avais besoin de perdre le sentiment d'être celle qui accomplit l'action. Pourquoi réagir vis-à-vis d'Amma ? N'étais-je pas venue pour ça ? Pour devenir vraiment libre ?

ALLUMER LES LAMPES

Un autre soir, après les bhajans, plusieurs voitures privées vinrent chercher Amma et les résidents de l'ashram pour aller chez des gens qui l'avaient invitée à Kollam. Une réception avait été préparée chez l'un des premiers dévots d'Amma. Il était déjà 21 heures quand nous nous entassâmes dans les voitures, Amma et les filles derrière et deux moines devant. Les autres voitures étaient remplies à craquer de résidents et d'instruments de musique. Quand nous entrâmes dans la voiture d'Amma, il n'y avait plus beaucoup de place sur le siège arrière.

Je pus m'accroupir par terre sans trop de problème pour laisser plus de place à Amma, et dans cette position je ne perdis pas une miette du spectacle. Amma commença à chanter « Siva Siva Hara Hara », le bhajan très lent au début n'en finissait plus d'accélérer. Amma riait et appelait, nous chantions tous de tout notre cœur. La voiture entière était emplie d'une béatitude indescriptible. Je ne sais pas comment le chauffeur faisait pour conduire ! À la fin du bhajan, nous étions pratiquement arrivés à Kollam. Amma était pleine de vie et très exaltée. Ses yeux brûlaient comme des braises ardentes.

Je questionnai Amma au sujet du bonheur intense que je ressentais quand je chantais un bhajan de tout mon cœur, ce qui n'arrivait que de temps en temps évidemment. « Est-ce le vrai bonheur ? ». Amma me dit de continuer à essayer de réduire les intervalles entre les moments de bonheur pour arriver à en faire l'expérience constamment ; ce serait alors l'expérience réelle, quand tous les intervalles auraient disparu. À ce moment-là nous arrivâmes à Kollam ; il était clair que la nuit allait être extraordinaire.

La maison avait été décorée pour l'arrivée d'Amma. Des guirlandes étaient accrochées partout dans la véranda et la lumière vive d'une énorme lampe à huile éclairait le chemin qui menait à la maison. On conduisit Amma dans la salle de puja familiale où étaient disposés des plateaux de fruits et de fleurs de jasmin odorantes à profusion. Des objets rituels en cuivre avaient été astiqués pour la puja et mis sur un plateau, près de l'endroit où Amma s'assit. Tous les moines s'entassèrent à l'intérieur. J'étais assise juste derrière Amma, avec une serviette pour son visage et un éventail.

Chaque photo de l'autel à facettes multiples était décorée de malas de fleurs fraîches ; quelqu'un avait passé la journée à préparer la salle de prières à la perfection. Le regard ne rencontrait partout que beauté. Une grande photo d'Amma en Dévi Bhava occupait l'espace central. Amma commença par allumer la lampe à huile toute neuve avec une autre plus petite qu'elle avait allumée avec une allumette. Ensuite, elle enflamma quelques pastilles de camphre qu'elle dispersa de ses doigts nus à la surface de l'eau dans le kindi en laiton. Comment pouvait-elle y arriver sans se brûler les doigts et sans éteindre la flamme ?

Tandis que le camphre tournoyait à la surface de l'eau, Amma prit une pincée de cendres sacrées dont elle saupoudra l'eau. Alors le camphre enflammé glissa à la surface de l'eau et puis fila dans différentes directions, sous le regard d'Amma. Les moines étaient déjà en train de réciter des mantras, et Amma en fit autant après quelque temps. Ces mantras étaient différents de ceux que j'avais entendus à l'ashram. Comme je connaissais mal le sanskrit, je les baptisai simplement « les mantras des visites chez des particuliers. »

Amma souleva la grande coupe d'eau bénie avec le camphre et les cendres sacrées. Elle l'amena près de son visage et respira au-dessus de la surface à l'eau avant de prendre une profonde inspiration. En tout cas, c'est ce que je crus voir de là où j'étais assise. On alluma la cuillère de l'arati et Amma promena la flamme en cercle devant certaines photos de la puja, mais pas devant la sienne. Elle préleva une poignée de fleurs de jasmin mélangées à quelques fleurs roses et rouges que je ne connaissais pas. Elle les présenta un instant à la flamme du camphre avant de les lancer pour bénir les photos. De la main droite, elle lança quelques gouttes d'eau consacrée dans la pièce et sur les gens présents. Amma se mit à chanter :

Vedanta venalilute oro nadanta panthannalannal
ni tan tunaykkum avane enne Gitarttham ippozh evite?

Maintenant où est la vérité de la Gita
qui proclame que Tu vas guider
le voyageur vers le silence ultime
pendant la saison sèche et brûlante du Védanta ?

Ce chant faisait pendant au bhajan que nous avions chanté dans la voiture en venant. Transportée de béatitude par ce chant, j'essayai de faire ce qu'Amma m'avait suggéré : boucher les intervalles, arrêter les pensées et focaliser le mental sur un seul point. Me dissoudre dans l'amour divin pendant au moins un instant.

Ensuite, la famille emmena Amma dans une grande pièce où elle put accueillir tous les membres et amis de la famille pour le darshan. On nous donna à tous un délicieux repas ; c'était mon premier repas indien complet, et rapidement, je dus supplier qu'on ne remplisse plus mon assiette. Tout le monde rit en m'entendant dire « muddi » (assez) en malayalam.

Nous étions restés environ une heure dans cette maison et je pensais que nous allions maintenant retourner à l'ashram. Mais au lieu de remonter en voiture, Amma me fit signe de la suivre, et nous partîmes en pressant le pas. Les moines nous rattrapèrent juste au moment où Amma rentrait dans la maison d'à côté où on avait allumé une lampe à huile à la porte d'entrée. La famille attendait avec impatience, et Amma se faufila dans leur salle de puja avant même qu'ils aient fini de lui laver les pieds. La même scène se répéta. Mais Amma chanta autre chose :

kotannu koti varshangalayi satyame
tetunnu ninne manusyan

O Vérité Éternelle, depuis des millions d'années
l'Humanité est à Ta recherche.

Amma donna le darshan à cette famille ainsi qu'à ses amis, puis goûta un tout petit peu de la nourriture qu'on lui offrait. Elle sortit, puis entra dans la maison suivante où la lampe était allumée sur le pas de porte. Amma fit de même dans sept autres maisons, je courais derrière elle pour essayer de la suivre. Elle était très rapide ! Les moines étaient synchronisés avec Amma, sans problème. Je jetai un coup d'œil à ma montre en quittant la dernière maison. Il était presque 2 heures du matin. Le ciel était clair et l'air délicieusement rafraîchissant. Mais attention, Amma prenait la direction opposée à notre point de départ. Je courus pour la rattraper.

Elle accéléra, et j'aperçus un petit sentier. Amma bifurqua pour s'y engager, j'étais juste derrière elle. L'instant d'après, une nouvelle rue apparut. Des lampes à huile étaient allumées à la porte d'une douzaine de maisons alignées le long de la rue qui s'étirait dans la nuit ! Jamais l'exubérance d'Amma ne faiblit d'un iota. Elle était une coupe débordante d'amour, elle apportait de la joie dans chacune des maisons où on avait allumé la lampe.

Avec un enthousiasme illimité, elle apportait son soutien spirituel à chacune des personnes qui l'attendaient. Nous rentrâmes à l'ashram juste avant l'aube.

LA FAMILLE D'AMMA

La famille d'Amma était généreuse à plus d'un titre, je m'en rendis compte tout de suite. Ils m'accueillirent chez eux, me donnèrent une chambre dans leur maison ; ils donnaient tout ce qu'ils avaient pour aider l'ashram, sans rien attendre en retour. Leur famille en avait vu de toutes les couleurs au moment où la réputation divine d'Amma s'était répandue. Six chercheurs spirituels venus de trois continents s'étaient déjà présentés à leur porte pour vivre auprès d'Amma ! Ils auraient pu avoir de multiples réactions mais ils choisirent de se comporter avant tout en hôtes gracieux. Ce fut extraordinaire, pendant toutes ces années, d'apprendre à connaître la mère et le père d'Amma, ses frères et sœurs, de les voir partir à l'école, obtenir des diplômes, se marier et fonder leurs propres familles, s'installer à leur compte et réussir par eux-mêmes.

Il n'a pas dû être facile de s'adapter aux constantes exigences de la mission grandissante d'Amma installée au beau milieu de leur cour. À plusieurs reprises, ils abandonnèrent maison et terres pour déménager de plus en plus loin et laisser de la place pour loger le nombre grandissant de dévots qui affluaient constamment. La mère et le père d'Amma, ses frères et ses sœurs donnèrent gratuitement leurs biens pour que l'ashram puisse s'étendre.

Souvent, la nuit, ils profitaient de l'air frais du soir, heureux d'être ensemble, de bavarder et de rire comme le font toutes les familles. Ils partageaient tout ce qu'ils avaient avec nous tous, y compris la totalité de leur maison, les terres, la nourriture et le bois pour la cuisine. Si quelqu'un arrivait la nuit ou avait besoin d'un endroit pour se reposer, leur maison était toujours disponible. Certaines familles auraient pu mal vivre ces intrusions permanentes, mais pas eux, bien au contraire. Ils pensaient que leur devoir était d'accueillir les dévots.

Des années plus tard, tous les biens qu'ils avaient donnés furent rassemblés dans une société civile au nom de l'ordre de Sannyasa qu'Amma créa à Amritapuri. Pas un seul membre de la famille ne possède quoi que ce soit à l'Ashram, même si tous les biens ont été donnés gratuitement à la société civile sans aucune compensation – personne dans la famille n'a reçu le moindre centime pour son terrain. Toutes les écoles, hôpitaux et institutions créés par Amma sont administrés par le conseil d'administration de l'ashram. Même le nom d'Amma ne figure sur aucun acte ou titre de propriété de l'ashram ! De plus, aucun membre de la famille d'Amma ne fait partie d'aucun conseil, seuls les sannyasins siègent au conseil d'administration. Comme cela fait du bien dans le monde d'aujourd'hui !

DARSHAN EN KRISHNA BHAVA

Surprise, un matin, on nous annonça qu'Amma donnerait un darshan en Krishna Bhava le dimanche suivant ! Il s'agissait d'un événement très particulier pour tous les dévots, parce qu'autrefois Amma donnait la même nuit le darshan du Dévi Bhava et le darshan du Krishna Bhava, mais elle avait cessé cette pratique. La nouvelle se répandit rapidement, et le dimanche la foule arriva en masse pour attendre le début du Krishna Bhava. L'ambiance dans le Kalari était totalement différente. Krishna s'amusait avec les dévots tandis que Dévi était sérieuse. Krishna se tenait debout sur un pied et posait l'autre pied sur un petit tabouret ; on ne s'asseyait pas. Les dévots rentraient dans le temple en file indienne et recevaient leur prasad debout. On tendait à Amma un bol rempli de morceaux de bananes dans lequel elle piochait pour nourrir tous ceux qui venaient pour le darshan. Ce n'étaient pas non plus les mêmes bhajans, mais principalement des bhajans à Krishna, plus légers. En entrant dans le temple pour méditer comme d'habitude, je n'eus pas envie d'aller au darshan. Si étrange que cela puisse paraître, ma dévotion allait entièrement à la Mère divine !

Vers la fin de la nuit, quelqu'un vint m'appeler pour le darshan car Amma savait que je n'étais pas encore passée, mais je lui dis que mon cœur ne voulait que la Mère divine. À la fin du Krishna Bhava, Amma vint à la porte du temple pour dire adieu aux nombreux dévots qui étaient restés. Elle franchit juste la porte du temple et commença à danser les bras levés, un sourire radieux aux lèvres ; même son visage semblait différent cette nuit-là, elle avait un visage plus masculin et plus espiègle ! Elle continua à danser au rythme du bhajan qui s'accélérait. Je regrettai alors ma décision de ne pas être allée au darshan, mais il n'y avait plus rien à faire maintenant. Quelle idiote ! Autant que je sache, ce fut la dernière fois qu'Amma donna un darshan en Krishna Bhava.

LEÇON DE COUTURE

Un après-midi, alors que j'étais dans sa chambre, Amma décida de faire de la couture. Nous tirâmes un peu la machine à coudre à pédales qui était rangée dans un coin, pour que cela soit plus pratique. Alors Amma commença les retouches qu'elle avait en tête. N'ayant jamais vu Amma coudre auparavant, j'étais fascinée. Elle avait sorti quelques-unes de ses jupes du placard où étaient rangées ses affaires. Ses doigts habiles commencèrent à défaire les ourlets avec un petit découd-vite, si vite qu'il était impossible de suivre ses mouvements. Sans quitter le vêtement des yeux, elle maintint le tissu glissant au bon endroit sur la machine, sans mettre d'épingles pour marquer l'emplacement des retouches et commença à piquer. Amma pouvait faire des coutures parfaitement droites en un rien de temps, en exerçant juste la bonne pression pour guider le vêtement jusqu'à l'aiguille qui montait et descendait, tout en actionnant la pédale. Elle était experte en couture – de toute évidence !

Une fois les trois jupes terminées, elle les mit de côté et me demanda si j'aimais coudre. Je dis que oui, mais que je n'étais pas très experte. Elle me donna une aiguille et une bobine de fil et me tendit une jupe à ourler. Je m'appliquai du mieux que je pouvais, mais je risquais fort d'en avoir pour une bonne heure. Amma semblait avoir tout son temps et me regardait attentivement. Par l'intermédiaire d'une traductrice, elle fit remarquer qu'une aiguille ne coûte que quelques centimes et que c'est un objet qui peut sembler insignifiant, mais que si on la laisse traîner une fois l'ouvrage terminé, quelqu'un risque de poser le pied dessus. Et cela peut être dangereux. Nous devrions toujours être attentifs aux choses, même les plus infimes, et être en pleine conscience. Si nous n'y prenons garde, les petites choses peuvent devenir de grands problèmes. Amma m'enseignait le B.A BA de la spiritualité, mais étais-je capable d'apprendre ?

LE PÈLERINAGE À L'ASHRAM KANVA

À cette époque, le bibliothécaire de l'ashram, un occidental, était en relation avec le gardien du célèbre ashram Kanva situé près de Varkkala, au centre du Kérala. Amma suggéra que nous y allions en pèlerinage avec tous les résidents de l'ashram. Nous louâmes donc un bus et nous nous mîmes en route. Mon premier pèlerinage avec Amma ! À l'arrivée, on nous attribua des chambres ; les filles étaient avec Amma, et les autres ailleurs. Quelle chance d'être une fille, pour une fois ! Et puis hop, nous sommes allées préparer les légumes et faire de menus travaux.

À la fin de l'après-midi nous nous rassemblâmes tous près de la mare du tirtham.

Amma portait un châle noué autour du cou et ses cheveux étaient relevés en chignon au sommet de la tête. Quand elle se promenait dans cette tenue, j'avais toujours l'impression de voir le Seigneur Shiva en personne. Elle était vraiment adorable à voir. Nous nous assîmes tous ensemble pour une belle et longue méditation. L'atmosphère était si propice que même les singes ne pouvaient que s'abîmer dans le silence. Tandis que nous étions assis au calme après la méditation, on nous servit des en-cas et du lait coupé d'eau. Inutile de parler. Amma dit quelques mots d'une voix douce et calme, personne ne traduisit. Il n'y en avait pas vraiment besoin et j'étais très contente de profiter simplement du son de la voix d'Amma et du doux halo qui la nimbait à la tombée de la nuit. Je me rappelle avoir chanté des bhajans puis simplement bu du kanji pour le dîner avant de me pelotonner pour la nuit. Une heure avant l'aube, la cloche nous a réveillés pour l'archana. Amma était couchée mais ne dormait pas. Il me sembla que nous ne la dérangions pas en sortant pour les prières et de toutes façons, je me fis aussi discrète qu'une petite souris.

La journée se déroula comme la veille : beaucoup d'occasions de méditer, de lire le Védanta, d'écrire dans mon journal, d'aider à la préparation des légumes et à la vaisselle. Mais, dans l'après-midi, grand événement. Amma appela les filles à la baignade. Nous étions donc trois plus Amma. Nous allâmes nous baigner dans un très grand réservoir, non loin de là. À l'époque nous n'avions pas de robe de bain, donc nous nagions en jupon que nous relevions d'un côté pour le nouer sur l'épaule. Amma portait une combinaison, ce qui était plus pratique. Nous entrâmes doucement dans l'eau pour ne pas faire remonter la boue du fond. Le réservoir était profond, aussi nous avons dû faire quelques pas dans l'eau, puis nager un peu en file indienne afin de laisser à Amma le maximum d'espace pour faire ce qu'elle trouvait relaxant : flotter en position du lotus complet tout en regardant le ciel. Au bout de quelque temps, Amma nous demanda de nous donner la main et de nager en cercle, ce qui était vraiment difficile. Mais elle voulait que nous y arrivions. Elle répétait « Mes trois cygnes, les trois cygnes blancs d'Amma ». Pour moi ce fut un beau moment entre sœurs.

Et puis soudain Amma changea d'humeur et nous demanda de sortir de l'eau. Elle insista vraiment, aussi nous rejoignîmes le bord à la nage et sortîmes tant bien que mal. Ce que nous vîmes en nous retournant pour regarder le réservoir nous fit froid dans le dos. Quel spectacle ! Des serpents nageaient dans notre direction – beaucoup de serpents. On aurait dit qu'il y en avait tout un nid et qu'ils venaient manger les cygnes d'Amma. Nous secouâmes la tête, une fois de plus Amma nous avait sauvées !

PÈLERINAGE À KANYA KUMARI

Mon visa expirait dans un mois et je n'avais plus beaucoup d'argent. Aussi j'écrivis à mon grand-père et lui demandai s'il pouvait m'envoyer un peu d'argent. Il s'était toujours montré très généreux à mon égard et une semaine plus tard je reçus 300 dollars. Entre-temps, j'avais changé d'avis à propos de l'argent. Je n'en avais pas vraiment besoin, mieux valait le donner à Amma pour permettre à l'ashram d'acheter des briques pour la petite grotte qui était en construction derrière le Kalari. Toutefois, quand Amma eut vent de mon idée, elle suggéra que nous allions tous faire un autre pèlerinage, cette fois-ci avec tous les résidents et dévots qui pourraient tenir dans un grand bus de tourisme. Destination Kanya Kumari !

La nouvelle de l'invitation d'Amma se répandit, et quelques jours plus tard nous montâmes dans un bus, en direction du sud. On acheta à manger pour distribuer des en-cas pendant le voyage ; les dévots préparèrent chez eux du riz au yaourt et du chutney à la mangue et on emporta de grandes gamelles pour faire un minimum de cuisine pendant le voyage. Amma avait beaucoup de sens pratique, elle faisait une fête de tout, même des activités les plus simples !

Nous prîmes par la côte pour descendre vers le sud. En route, nous nous arrêtâmes au pied d'un chemin célèbre qui serpentait à flanc de colline jusqu'au sommet d'une haute falaise d'où l'on découvrait la côte ouest de ce beau joyau bleu qu'est la Mer d'Arabie. Nous grimpâmes pendant plusieurs heures, escaladant parfois d'énormes rochers ; le chemin rocheux et escarpé traversait des broussailles desséchées, avant d'atteindre le sommet. Amma monta pieds nus jusqu'en haut ! Plusieurs hommes portaient sur la tête de volumineuses boîtes de biscuits et d'en-cas, à manger en haut.

Je n'arrivais pas à croire qu'ils puissent faire le chemin avec leur chargement, mais ils avaient l'air parfaitement heureux qu'on leur ait confié cette tâche spéciale.

La vue que nous découvrîmes en haut des falaises valait bien la montée. Le panorama était spectaculaire, on voyait des kilomètres de côtes, la pittoresque vallée en bas et plusieurs grands temples qui se détachaient clairement. Une des particularités de cette falaise était ses grottes. Il y en avait une juste à proximité de l'endroit où débouchait le chemin. Elle était fermée par une porte lourdement cadenassée. J'étais juste à côté d'Amma, un éventail et une serviette à la main comme d'habitude.

Alors Amma exécuta un numéro impressionnant. Je ne sais pas si quelqu'un s'en aperçut, ni même si quelqu'un regarda Amma au moment où elle tendit brusquement la main pour effleurer le cadenas l'espace d'un quart de seconde. Se retournant alors vers un dévot « Fils, peux-tu essayer d'ouvrir le cadenas ? » lui demanda-t-elle. Et quand il le prit dans les mains, le cadenas s'ouvrit comme si la personne qui occupait la grotte avait oublié de le refermer à clef. Je n'en crus pas mes yeux. Est-ce que j'avais rêvé ? Ce tour de passe-passe me laissa bouche bée, mais pas pour longtemps, car Amma était déjà entrée dans la grotte et s'installait pour chanter un bhajan et méditer un court moment. La grotte était occupée, de toute évidence, témoins la literie roulée, les livres sacrés et le petit écritoire, bien rangés à côté d'un autel tout simple, installé semblait-il pour la méditation et la puja.

La grotte était bien trop petite pour accueillir autant de personnes, mais tout le monde y rentra tant bien que mal. Amma chanta « Mano Buddyahamkara » puis resta assise en silence un moment et nous en fîmes autant. Quelqu'un apporta à Amma des fleurs et de l'eau trouvées je ne sais où. Peut-être dans la grotte ? Les moines récitèrent des mantras, et Amma bénit l'autel et la grotte en jetant des pétales de fleurs et de l'eau bénie. Toute la troupe sortit de la grotte. Amma demanda à l'un des dévots de veiller à bien refermer la porte à clef derrière nous. J'aurais aimé voir la tête de l'occupant découvrant à son retour que quelqu'un s'était « invité » chez lui.

Quand nous arrivâmes à Kanya Kumari, Amma fit monter quelques-uns d'entre nous dans un ferry qui tanguait et piquait du nez en direction du rocher que Swami Vivekananda avait rejoint à la nage environ 100 ans plus tôt. C'est là qu'il avait eu sa vision de la Mère divine. On y voit encore en relief sur la pierre, la trace du pied de la déesse. C'est là, au pied de Mère Inde, que les cendres du Mahatma Gandhi, entre autres, furent dispersées, à l'endroit où les « trois mers » se rejoignent. Selon une croyance fortement établie, la Mère divine sera toujours présente à la pointe de l'Inde, sous une forme ou une autre, même si elle est parfois difficilement identifiable. C'est là que vivait à l'époque Mayi Amma, véritable légende vivante dont on croyait qu'elle était cette âme-là.

Mayi Amma était très, très vieille. Personne ne connaissait exactement son âge. Des pêcheurs de la région l'avaient découverte dans leurs filets un après-midi, quelques années auparavant. Ils la crurent morte, mais quand ils rapportèrent son corps sur le rivage, elle revint à la vie et s'éloigna en marchant. Elle était entourée d'une meute de chiens qui veillaient toujours sur elle pendant qu'elle entretenait pendant des heures un feu à la pointe de l'Inde, jour après jour. Elle parlait rarement et habitait une cabane d'une pièce sur la plage ; elle était apparemment dénuée de toute ressource. Malgré les vagues, on la voyait souvent rejoindre à la nage un rocher éloigné où elle s'allongeait en plein soleil pendant des heures.

Amma voulait lui rendre visite et nous nous rendîmes à pied à sa hutte non loin de là. Juste avant d'entrer, on me lança un appareil photo dans les mains, et quelqu'un me dit « Prends une photo. » Je ne m'y connaissais pas tellement en photo et je n'avais pas spécialement envie d'en prendre une, mais l'ordre était si ferme que j'entrai et cherchai le meilleur endroit pour prendre la photo. La pièce était simple et propre. Mayi Amma n'était pas vieille, elle était antique. Elle avait la peau sombre et tannée comme du cuir ridé. Elle se reposait sur une chaise, les jambes étendues sur des rallonges en bois fixées sur le côté de la chaise, prévues à cet effet. Elle était habillée comme une femme de pêcheur, un tissu noué lui servait de jupe et un simple châle lui couvrait le haut du corps. Ses cheveux blancs étaient soigneusement peignés ; elle portait au sommet de la tête une seule fleur blanche de jasmin. « Comment la fleur pouvait-elle restée perchée au sommet de son crâne ? » me demandai-je.

Amma était assise sur un petit lit juste à côté de la chaise de Mayi Amma ; il régnait une atmosphère extraordinaire, sublime. Nous étions six ou huit à assister à la scène, dispersés dans la pièce, tous debout, silencieux. J'étais clouée sur place, à droite de Mayi Amma, face à Amma, ne sachant que faire de l'appareil photo que je tenais à la main. J'avais la gorge sèche. Comment aurais-je pu avoir le culot de « prendre une photo » et de troubler la perfection de cet instant ? Je restais donc figée sur place comme une statue. Le temps passa, Amma rayonnait, une légère lumière bleu clair illuminait son visage ; elle arborait un sourire particulier que je

L'ashram Kanva, l'étang Tirtham

ne lui avais encore jamais vu. Une pensée me traversa l'esprit : « Mais qui donc est cette vieille femme ? » Au moment précis où cette pensée se formula précisément, Mayi Amma se tourna et me regarda droit dans les yeux.

À n'en pas douter, elle avait entendu ma pensée ! Ma gorge se serra et je croisai son regard. Elle avait des yeux d'une beauté et d'une clarté incroyables ! Dans son regard d'un bleu foncé insolite, je vis l'océan. Le vaste océan, roulait, bougeait et vivait dans ses yeux. Le temps resta suspendu à cet instant et je me sentis balayée par son darshan et sa bénédiction comme par une vague. Elle détourna le regard au bout d'un temps qui me parut durer une éternité, même si elle n'avait probablement tourné son regard vers moi que l'espace d'un instant. C'est alors que je me décidai. Je pris la photo sans même réfléchir. Elle ne sembla pas s'en offusquer ni même le remarquer. J'en pris une autre d'elle avec Amma, se regardant mutuellement.

GUÉRISON D'UN ENFANT

Avant d'expliquer comment Amma me guérit puissamment juste avant mon départ, je dois d'abord raconter les difficultés que j'avais rencontrées au cours de mes premières années. J'étais née à Chicago, de parents tout jeunes ; ma mère avait arrêté ses études à l'Université du Nord-Ouest pour épouser son petit ami, mon père, étudiant issu d'un milieu aisé et footballeur populaire. Nous déménageâmes pour Washington DC peu de temps après ma naissance pour que mon père puisse travailler comme journaliste au Washington Post. Il nous abandonna, ma mère et moi, alors que je venais d'avoir quatre ans. Un soir, il ne rentra pas à la maison. Ma mère dut se réorganiser rapidement car elle n'avait ni famille, ni soutien financier à Washington. Nous retournâmes donc à Pittsburgh vivre avec mes grands-parents.

En 1963, il était encore mal vu de divorcer. Nous vivions dans une banlieue tranquille et paisible, nous avions une demi-douzaine de voisins proches. Des familles normales. Il a dû être difficile pour ma mère de s'intégrer ou de se faire des amis du fait de notre situation. Je me rappelle une fête du 4 Juillet. Tous les enfants du quartier avaient décoré leur bicyclette pour participer à la parade du Jour de l'Indépendance et pique-niquer avec les voisins.

J'avais passé toute la matinée à préparer ma bicyclette, mais au moment de l'enfourcher, je ne trouvai pas ma mère au milieu des autres. Je courus donc la chercher chez mes grands-parents. Elle avait trouvé un mauvais prétexte pour ne pas participer à la parade. Je revins en courant et me dépêchai pour rattraper les autres. Des années plus tard je compris que ma mère ne se sentait alors pas à l'aise au milieu de ces familles ou qu'elle n'était pas la bienvenue. Notre famille sans père était « différente ». Et cela me rendit vulnérable.

Ce qui me ramène à mon sujet. Les enfants jouaient toujours dans le bois derrière la maison de mes grands-parents ou dans une des cours. Il n'y avait pas de danger, tout le monde se connaissait. Derrière l'une des maisons, il y avait une petite cabane de jeux où nous passions de nombreuses journées et soirées à nous amuser. Je n'avais que cinq ans, mais on me laissait y aller jouer, à condition que je sois rentrée pour le dîner.

Une après-midi, j'étais sortie la première pour aller jouer. Aucun enfant n'était dehors ; peut-être les autres étaient-ils encore en train de faire la sieste, ou en ville avec leur famille. En me dirigeant vers la cabane, je remarquai quelques garçons plus âgés que je ne connaissais pas. Je jouais dans le sable et cela ne me dérangeait pas d'attendre que les autres enfants arrivent. Chuckie K. était un petit peu plus jeune que moi, son frère Clifford était plus âgé. Il devait être adolescent car il ne jouait jamais avec les enfants. Tous deux arrivèrent dans leur jardin derrière chez eux

et Clifford commença à parler aux garçons plus âgés qui me montraient du doigt. Ils s'approchèrent de moi, me dirent qu'ils allaient jouer dans la cabane et m'invitèrent à les suivre. Ce que je fis sans hésitation car nous y jouions tout le temps.

Mais ce n'était pas un jeu. Dès que nous fûmes dans la cabane, la porte se referma. Les deux garçons que je ne connaissais pas étaient là aussi. Ils riaient et se bousculaient brutalement. L'un d'eux commença à me donner des ordres. Je commençai à pleurer mais ils me firent tomber. Et puis ils firent ce qu'on ne devrait jamais faire à qui que ce soit ; j'étais terrorisée. Je hurlais et pleurais. Enfin ils sortirent en courant et me laissèrent en larmes. Je réussis à rentrer chez moi, mais j'étais dans un piteux état.

La bonne de ma grand-mère, Mary Abloff, était en train de repasser quand je rentrai à la maison. Elle leva les yeux vers moi et vit tout de suite qu'il m'était arrivé quelque chose. Elle me nettoya mais ne dit rien. Quand ma grand-mère rentra de la ville, elle se fâcha parce que j'avais perdu mon chapeau.

« Où est-il ? »

– Je ne sais pas. Peut-être dans la cabane » balbutiai-je.

« Va le chercher, il est tout neuf » dit-elle.

Je recommençai à pleurer. La bonne dit qu'elle irait chercher le chapeau avec moi. Elle me prit par la main et me conduisit là-bas sans mot dire. Mon chapeau y était mais il n'y avait plus personne. Je n'ouvris pas la bouche tellement j'étais traumatisée. Il me fallut bien des années pour me rappeler complètement l'incident et essayer de l'accepter en tant que jeune femme.

J'attribue à Amma la guérison finale de mon âme blessée par cette agression. Un des moments les plus profonds que j'ai eu avec Amma fut quand elle me raconta ma propre histoire. Je n'avais jamais parlé de cet incident à personne. Pas même à ma mère.

Amma m'avait demandé de venir m'asseoir avec elle dans le Kalari l'après-midi avant que je ne rentre aux États-Unis parce que mon visa avait expiré. Amma commença par dire que mon cœur était innocent. Elle ajouta qu'au début j'étais rêveuse mais que les six derniers mois, j'avais pris la spiritualité au sérieux ; qu'elle était contente que je veuille venir vivre à l'ashram ; on me donnerait une lettre de recommandation pour que je puisse revenir y vivre en permanence. Mon cœur était si ouvert à Amma, Amma me donnait tout ce que je voulais.

Alors, sans crier gare, Amma changea de sujet. Faisant allusion aux garçons qui m'avaient meurtrie quand j'étais une petite fille, Amma dit qu'ils avaient fait quelque chose de très mal et qu'eux aussi en avaient souffert. Mais elle dit que d'une manière ou d'une autre, il fallait leur pardonner. Le passé est un chèque annulé. Si nous ne pardonnons pas, le ressentiment finit par nous tirer vers le bas et nous détruire. Je restai stupéfaite en écoutant la traduction. Je hochai la tête en signe d'approbation parce que je savais que les paroles d'Amma étaient parfaitement exactes. À ce moment-là aussi, je compris réellement qu'Amma sait tout de nous mais ne le révèle que si c'est absolument nécessaire. Comme pour la guérison du lépreux, Amma n'attend aucune reconnaissance, ni pour ce qu'elle fait ni pour ses pouvoirs. Il n'y a en elle aucune trace d'ego ou d'intérêt personnel, pas la moindre nano-trace. Tout ce qu'elle fait, elle le fait pour une bonne raison, une raison cosmique. Elle est la pure grâce incarnée.

Elle me garda longtemps dans ses bras et me caressa le dos avec la main. Le souvenir précis gravé en moi depuis l'âge de cinq ans me revint brutalement à la mémoire, comme cela s'était produit un nombre incalculable de fois auparavant, mais pour la première fois cela ne me fit pas paniquer. Les images, les cris, la honte, surgirent et s'évanouirent. Je savais que c'était le *sankalpa* (la divine intention) d'Amma, pour que je me libère enfin. Je me détendis, lâchai prise dans ses bras et me laissai guérir. Le cauchemar était terminé.

Amma avec Mayi Amma

Encore une fois, qui d'autre pourrait en faire autant ? Qui peut accorder la rédemption ? Qui peut « régler » définitivement des événement de notre vie et nous libérer ? Pour ce qui est du lépreux, la manifestation de l'amour pur a déjoué tout obstacle biologique à la régénération des tissus. Spectateurs curieux, nous restons émerveillés. Amma ne réclame ni célébrité ni gloire. Dans le cas de mon agression, la grâce de la guérison pure fut transmise instantanément, mais il y eut d'abord l'amour divin. Tout ce qui est impossible devient possible dans le sillage de l'Amour Divin. Qui peut mettre cela en œuvre ? Je réponds sans hésitation : seulement Dieu. J'en ai trop souvent été témoin dans la vie d'Amma.

Un des aspects les plus inspirants de la tradition spirituelle indienne c'est qu'elle permet à Dieu de se manifester sous une forme humaine pour réconforter et guider ceux qui souffrent et pleurent. En sanskrit, le mot « *avatar* » est réservé à ce phénomène précis. Pourquoi Dieu devrait-il être relégué au ciel pour gouverner l'existence humaine depuis un trône lointain ? J'aime l'idée de Dieu descendant sur terre et vivant parmi nous dans un corps humain. Cela a du sens pour mon cœur.

CHAPITRE 3

J'attends, impatiemment

L'atterrissage à San Francisco fut très difficile. Ce fut un choc culturel profond, bien que mon séjour eût duré seulement six mois. Mais pendant ces mois extraordinaires, tout avait changé. Maintenant, je me sentais à l'étranger en Amérique.

Le consulat d'Inde à San Francisco accepta ma demande pour un visa d'entrée, mais resta évasif quant au délai. Les papiers seraient envoyés à Delhi, puis de là au Kérala pour vérification. Non, ils ne pouvaient pas me dire quand j'aurais des nouvelles. Et non, ils ne voulaient pas garder mon passeport, il faudrait le leur renvoyer une fois le visa accordé. Non, surtout pas, ne pas acheter de billet d'avion maintenant. S'il vous plaît, ne téléphonez pas, nous vous contacterons.

Je retournai au Nouveau Mexique. En une semaine, j'avais trouvé un appartement au loyer très raisonnable, et un emploi de cuisinière dans un restaurant. Tandis que j'installais un autel magnifique pour mes méditations et un matelas pour dormir par terre, la présence d'Amma dans mon cœur se fit sentir. Je sentis que tout irait bien. Je décidai donc de tirer le meilleur parti de mon séjour. Amma avait souligné qu'elle serait toujours avec moi ; le moins que je puisse faire, c'était de poursuivre mes pratiques du mieux que je pouvais.

Le souvenir d'un incident survenu environ une semaine après ma rencontre avec Amma m'aida. J'avais appris par d'autres filles que l'initiation à la pratique d'un mantra s'appelait mantra diksha, et qu'elle était donnée par le guru. Je n'avais donc plus confiance en mon mantra, car je l'avais reçu sur le Colorado !

Alors, je demandai un matin à Amma si elle pouvait me donner un mantra, sans lui dire que j'en avais reçu un 'd'occasion'. Amma rit un moment lorsqu'on lui traduisit ma requête et me dit : « Mais tu as déjà reçu un mantra d'Amma, n'est-ce pas ? » Amma est toute conscience, tout le temps ! Des situations comme celle-ci surviennent sans arrêt auprès d'Amma, si bien qu'à la fin il semblait ridicule de toujours répéter : « Quelle coïncidence ! ». Mieux valait accepter l'omniscience d'Amma.

Le souvenir de cet incident et d'autres du même style nourrissaient ma foi pendant que j'attendais mon visa.

Cependant j'avais besoin de gagner de l'argent pour rentrer. Je faisais tous les extras qu'on me proposait au restaurant ; je suivais toutes les formations qui se présentaient pour m'améliorer et être augmentée. Il est bien connu que faire la cuisine dans un restaurant, c'est travailler dur et longtemps pour une petite paye, mais au moins en travaillant 40 heures et plus par semaine, je me faisais un salaire décent. J'aurais pu retourner en ville et chercher un travail correspondant à mon diplôme universitaire. Mais je voulais être comme un oiseau sur la branche, prête à m'envoler dès que mon visa serait prêt. Je ne voulais pas être empêtrée dans une vie urbaine ni dans les exigences de carrière. Ma priorité était de gagner suffisamment d'argent pour retourner auprès d'Amma, et entre temps, d'attendre mon heure dans la nature généreuse du Nouveau Mexique.

Je prévins bien sûr tous mes amis que j'avais rencontré la Mère divine et je leur expliquai tout ce qui s'était passé de merveilleux depuis l'année dernière. Peu m'importait ce qu'ils en pensaient. Dorénavant, ma foi était en Amma et ne dépendait pas de l'avis des autres.

À Taos, au Nouveau Mexique, Ram Dass et les dévots de Neem Karoli Baba ont édifié un temple magnifique dédié à Hanuman. Je pouvais m'y rendre et y être en compagnie d'autres personnes qui suivaient elles aussi le chemin de l'amour. Elles y chantaient à merveille des kirtans et le Hanuman Chalisa. Le temple devint pour moi un endroit où je pouvais me détendre et être en paix. Je pensais au bonheur que ce serait si Amma disposait d'un tel endroit aux USA !

Mon premier salaire arriva. Je savais bien à quoi l'utiliser. Je demandai immédiatement à l'employé de banque d'établir un chèque de 1008 dollars à l'ordre de la M.A. Mission. Je filai au bureau de poste, ma main trembla légèrement en rédigeant l'adresse d'Amma sur l'enveloppe. Atteindrait-elle l'ashram sans être volée en chemin ? C'était quasiment tout ce que j'avais sur mon compte. C'était le prix du billet d'avion pour rentrer. Mais mon loyer était payé, j'avais des provisions dans mon garde-manger, et j'étais résolue à offrir mon premier salaire. En attendant mon visa, cela me consolerait de pouvoir aider l'ashram à subvenir aux besoins les plus urgents. Je payai un peu plus cher pour envoyer le courrier en recommandé et mis la lettre à la poste. Mon cœur était rempli d'allégresse en quittant le bureau de poste !

Une semaine plus tard, il se produisit quelque chose de vraiment très étrange. Je reçus moi-même une lettre recommandée ! De mon grand-père. Il écrivait que depuis mon retour d'Inde il pensait à moi et qu'il imaginait que je pourrais peut-être avoir besoin d'un peu d'argent pour prendre un nouveau départ dans la vie. Dans l'enveloppe, un chèque de 1 000 dollars.

Le temps s'écoulait lentement, chaque mois je contactais le Consulat d'Inde. Chaque fois mon dossier était 'en attente'. J'avais mis de côté l'argent pour mon billet d'avion, et j'avais plus qu'assez pour vivre. Le secrétariat de l'ashram m'avait répondu et avait accusé réception de mon don. Mais ils avaient ajouté qu'Amma ne voulait pas que je recommence. Elle voulait que je mette de l'argent de côté sur un compte d'épargne. Je pourrais en avoir besoin, disait-elle, et bientôt je serais de retour et pourrais avoir à faire face à des dépenses imprévues. Considérant les maigres ressources de l'Ashram, c'était touchant de voir qu'Amma s'inquiétait de mon bien-être, me sachant seule aux USA, loin de ma famille. Elle n'était pas intéressée par l'argent, c'était clair. J'ouvris donc un compte d'épargne et y déposai mes économies.

Six mois s'étaient écoulés, et mon impatience grandissait. Ma sadhana n'était rien en comparaison de la vie auprès d'Amma, et je sentais que la vie dans le monde « m'alourdissait ». Je faisais souvent de beaux rêves d'Amma : une fois je rêvai que je lui massais les pieds, une autre fois que j'avais un long darshan dans ses bras ou encore que nous nagions ensemble dans une rivière … Mais cela ne me suffisait pas. Mon cœur était empli d'une nostalgie douloureuse.

C'est alors qu'Amma m'écrivit. Elle m'encourageait à revenir, même avec un visa de tourisme. Dans le paquet elle m'avait envoyé une de ses serviettes en lin pour le visage. En prenant la serviette dans les mains, ma mémoire reçut comme un électrochoc. Je commençai mentalement à envisager les conséquences possibles si je renonçais à demander le visa longue durée que j'attendais depuis des mois. Le consulat d'Inde n'autorisait pas les deux demandes simultanées ; si je demandais un visa de tourisme, c'en était fini de l'autre dossier. J'hésitais. Amma était très claire à ce sujet, mais l'idée d'avoir à retourner aux USA après une nouvelle 'visite' de six mois me semblait trop insupportable. Alors que je retournais le problème dans ma tête, il se produisit un événement qui allait tout éclairer.

COMPOTE DE PRUNES VIOLETTE

C'était un après-midi, j'étais au restaurant et je préparais une compote de prunes pour le dîner. C'était une compote de fruits frais qu'il fallait laisser bouillir pendant plus d'une heure pour qu'elle épaississe. Puis la compote violet vif était passée au mixeur pour la rendre parfaitement onctueuse. C'est ce que j'étais en train de faire quand soudain le couvercle du mixeur s'envola et la sauce bouillante m'éclaboussa le visage. Je m'effondrai au sol sous l'effet de la brûlure et mes collègues accoururent à mon secours. Au premier regard ils comprirent que c'était grave. Ils remplirent un gros sac de glace qu'ils appliquèrent sur mon visage. Ils appelèrent une ambulance et je fus transportée immédiatement aux urgences. Lorsque j'arrivai à l'hôpital, j'étais en état de choc.

Heureusement qu'un collègue m'avait accompagnée car je n'arrivais plus à parler correctement. La douleur était atroce. Il expliqua au médecin ce qui s'était passé pendant qu'il ôtait délicatement le sac de glace. En voyant le regard de mon ami et l'air sérieux du médecin je compris que c'était grave. On m'administra de la morphine et on m'emmena en salle d'examen. On fit venir un spécialiste. Après m'avoir examinée, le docteur me dit qu'une partie importante du visage était brûlée au troisième degré, mais que la compote avait miraculeusement évité mes yeux de justesse, si bien que ma vue n'était pas menacée. Il me dit que tout irait bien, mais que j'aurais vraisemblablement besoin de faire appel à la chirurgie esthétique et que le risque d'infection était important. Alors il fallait soigner la brûlure très méticuleusement toute la semaine pour éviter les complications. Il me reverrait dans une semaine et il me renvoya chez moi.

Ce renversement de situation me stupéfia. Comme chaque moment de la vie est précieux, chaque moment en bonne santé ! J'avais considéré tant de choses comme acquises. Dire que j'avais été à deux doigts de décider si oui ou non il fallait prendre un visa de tourisme… quel luxe, vu la situation maintenant ! Mes espoirs étaient en lambeaux. Je serrai les dents pour ne pas pleurer. Les larmes ne guériraient pas ma brûlure, et mon mental devait être fort en dépit de tout. Je me souvins que cela aurait pu être pire ;

mon omnisciente Amma aurait pu ne pas m'envoyer la serviette pour le visage avant l'accident !

En rentrant chez moi, je retirai le pansement avec précaution. Refusant de me regarder dans un miroir, je plaçai sur mon visage brûlé la petite serviette du magnifique et parfait visage d'Amma. Soutenue par des oreillers, je m'assoupis, le mantra d'Amma sur mes lèvres et une intense prière d'appel au secours dans mon cœur. La semaine passa comme dans un rêve. Le médecin m'avait donné une crème spéciale pour les brûlures mais quand j'essayais de l'étaler sur la plaie, j'avais horriblement mal. En fait elle était trop épaisse et difficile à étaler et il était douloureux de l'appliquer. Alors je me contentai de la douce serviette pour le visage. Et j'attendis le rendez-vous de contrôle. J'étais résolue à rester calme et centrée d'ici là. Pour cela, je pensais le moins possible, je répétais constamment mon mantra et ne me regardais pas dans le miroir.

LA VIE AU GALOP

À ce moment -là, la vie s'emballa comme un cheval qui galope pour rentrer à l'écurie au coucher du soleil. Au début du rendez-vous, le médecin me demanda si c'était bien moi qu'il avait vue aux urgences une semaine plus tôt. Sans savoir où il voulait en venir, je hochai la tête ; il s'assit alors et approcha sa chaise pour examiner mon visage. « Comment est-ce possible ? Je n'ai jamais vu une guérison pareille ! Qu'avez-vous fait ? » Je ne pouvais pas tout expliquer en détail, mais je lui dis que la crème était vraiment très difficile à étaler et que j'avais nettoyé la blessure comme il me l'avait demandé. J'avais laissé la brûlure à l'air libre et je l'avais protégée avec un tissu en lin doucement posé dessus, c'était tout ce que j'avais fait. Il me regarda d'un air totalement incrédule, mais que pouvait-il dire ? Il conclut l'examen et expliqua que la peau serait toujours sensible au soleil à cet endroit. Il ajouta qu'avec le temps, elle pourrait 'rougir' parce que tous les vaisseaux capillaires se régénéraient à l'âge adulte, et non pas à la naissance, ils seraient donc plus prononcés. Il me dit que j'étais une jeune femme très chanceuse ; il ne pouvait imaginer à quel point j'étais bénie !

Pour moi, c'était décidé. De retour à l'appartement, j'appelai le Consulat d'Inde. Je me contenterais d'un visa de tourisme. Je ne pouvais plus attendre. Après un temps interminable au bout du fil, l'employé revint au téléphone et parut un peu troublé. Pourquoi est-ce que je demandais un visa de tourisme alors que mon visa de longue durée avait été accordé quelques jours plus tôt ? Est-ce que je ne voulais pas leur envoyer mon passeport ? J'approchai ma chaise pour m'asseoir, je me sentais un peu étourdie. Et c'est ainsi que je revins auprès d'Amma !

CHAPITRE 4

Je plonge !

Allégresse. Un mot qui résume tout. De retour à l'ashram, tout sembla se mettre en place, en partie à cause de mon accident qui avait renforcé mes convictions profondes. Cet accident m'avait aidée à voir combien la vie est impermanente et éphémère. J'avais réellement pris conscience que ce temps avec Amma était tout ce qui m'importait. Mon visa « longue durée » n'était que d'un an, avec possibilité de renouvellement, et je décidai de profiter au mieux de ces moments précieux.

Je décidai d'offrir à Amma tout l'argent que j'avais mis de côté grâce à mon travail, une somme rondelette. Elle refusa jusqu'au moindre centime et insista pour que j'ouvre un compte épargne à la banque de Vallikkavu, le petit village de l'autre côté de la lagune. Après quelque résistance de ma part, j'acceptai à condition d'aider financièrement l'ashram si besoin était. Ma chambre serait située dans la rangée de huttes en cocotier à l'angle nord-ouest du « Kalari ». Dans cette région du Kérala, les huttes en cocotier sont rectangulaires, faites avec des nattes de feuilles de cocotiers tressées placées les unes sur les autres et fixées à l'aide d'une ficelle solide. Les nattes sont plaquées sur une structure en bambou. J'avais toujours rêvé de vivre dans une de ces huttes mais n'avais jamais exprimé ce désir à voix haute. Jusqu'alors, j'avais dormi dans une des chambres de la maison familiale d'Amma. Mon emploi du temps quotidien fut également ajusté et rééquilibré. Lors du dernier séjour je faisais huit heures de méditation et trois heures de seva par jour ; Amma avait décidé d'inverser les proportions.

ARAIGNÉES ET SERPENTS

La hutte en cocotier n'avait pas de ventilateur et était juste assez grande pour y déployer deux nattes en paille. C'était le paradis ! À cette époque, l'ashram était entouré de lagunes sur trois côtés et la rangée de huttes se situait au bord de la lagune ouest. Par la fenêtre, je voyais des familles de canards barboter, des gens passer en canoë, des serpents d'eau, des tortues et des grenouilles. Les serpents se faufilaient souvent entre les montants de la hutte mais je sentais que cette hutte était autant leur maison que la mienne, tant le fait d'y vivre m'avait rapprochée de la nature. Les serpents ne me dérangeaient pas, alors pourquoi leur barrer la route ?

Une nuit, je rentrai me coucher très tard. L'archana allait commencer quelques heures plus tard et je voulais au moins dormir un peu. En regardant le mur du fond de la hutte, fait également de nattes de feuilles de palmiers tissées, j'aperçus une énorme araignée venimeuse, une araignée sauteuse. Elle était difficile à repérer car elle se fondait parfaitement dans le décor. Puis je m'aperçus qu'il y en avait deux. Non… en fait, trois. Puis quatre, cinq… J'arrêtai de compter et décidai finalement d'aller me coucher. J'appréhendais de les écraser, de peur qu'elles ne me sautent dessus. Elles étaient tellement plus nombreuses que moi. Réfléchir davantage à la situation n'aurait fait qu'augmenter mon angoisse. Après tout, j'avais probablement dormi tranquillement avec elles les semaines passées sans le savoir. Si mon destin était d'être mordue et tuée par ces araignées venimeuses, alors en cherchant à les écraser je n'aurais fait que courir à ma perte. Cela pouvait se produire ou pas. Autant dormir quelques heures.

Je dormis sans m'inquiéter, sachant qu'Amma veillait sur moi. Rétrospectivement, je m'étonne du lâcher-prise dont je fis preuve à cette époque. Bien évidemment, Amma souhaite que nous nous mettions à l'abri du danger quand nous évaluons clairement que la situation dans laquelle nous nous trouvons est dangereuse.

Après tout c'est Dieu lui-même qui nous donne à la fois la faculté de voir le danger et le discernement pour l'éviter. Mais ma foi innocente m'avait permis de croire qu'Amma s'occuperait de tout. Et c'est ce qu'elle fit. Je me réveillai le lendemain juste à temps pour l'archana. Un peu plus tard dans la journée je racontai à mes sœurs spirituelles l'épisode des araignées et elles m'aidèrent à m'en débarrasser. Je voyais bien qu'elles ne savaient pas s'il fallait rire de ma folie ou bien admirer l'intensité de ma foi. Elles optèrent finalement pour les deux.

LA CUISINIÈRE DE L'ASHRAM

Quelques jours après mon arrivée, Amma décida que je serais la cuisinière de l'ashram. Quel honneur incroyable, me dis-je ! Il avait dû falloir naître 10 000 fois pour obtenir ce seva ! Une jeune indienne, nouvellement installée à l'ashram, allait également aider à la cuisine qui se situait dans la maison familiale. La nourriture était préparée sur des feux ouverts allumés dans de larges cuvettes profondes avec cheminées encastrées. Les marmites étaient installées sur des blocs de pierre qu'on ajustait avec précaution selon leur gabarit. Pour mon premier jour, Damayanti Amma (la mère d'Amma) vint elle-même me montrer comment allumer correctement le feu. Elle commença par me montrer comment conduire une puja simple : offrande au feu du premier morceau de noix de coco blanc et fraîchement coupé, prière, aspersion rituelle d'eau. Elle était vraiment sévère. Elle me montra comment balayer, la première chose à faire le matin avant le lever du soleil. Comment passer la serpillère à la main sur le sol de la cuisine. Il fallait ranger les récipients d'une certaine manière, garder l'eau pure, bien entretenir les spatules. Comme Damayanti Amma ne parlait pas anglais, si quelqu'un nous avait observées, il aurait cru assister à un sketch.

Mes journées commençaient donc à 4h30 avec l'archana, puis je rejoignais la cuisine avant 6h00. Les jours de Bhava Darshan, les lumières s'éteignaient en général à 2h00 du matin, voire plus tard, quelquefois à minuit. Il n'y avait rigoureusement ni café, ni thé. Deux fois par jour nous avions du lait bouilli très sucré et coupé pour moitié d'eau. Quand on me demandait de venir donner un coup de main dans la chambre d'Amma, je savais que je ne pourrais alors dormir que quelques heures. Amma ne « dormait » jamais. Elle reposait plutôt son corps. Elle était toujours présente et vigilante même lorsqu'elle se reposait. Une nuit, Amma nous réveilla pour nous dire qu'une famille avait traversé la lagune et s'était égarée dans l'obscurité. Elle nous demanda de les aider et de leur trouver une chambre. En effet, ils étaient bien là, cherchant leur chemin, regardant de tous côtés sans savoir où se trouvait l' « ashram » d'Amma qui n'était en fait que la maison familiale entourée de son terrain.

Mais je m'écarte du sujet. Mes journées de travail à la cuisine commençaient avant l'aube : nettoyage rapide, courte puja, me centrer, allumer le feu. Préparer les portions de riz. Séparer le grain de sa cosse dans un large panier en osier. Laver soigneusement les grains sans en oublier un seul car c'est un péché qui porte malheur. Quand le riz se mettait à bouillir, nous rajoutions de l'eau chaude – et non pas de l'eau froide – puisée dans un autre récipient, pour éviter les rhumatismes.

Les noix de coco, s'il arrivait que nous en ayons, devaient être évidées au moyen d'une pointe fixée sur le bord relevé d'un tabouret étroit sur lequel on s'asseyait pour accomplir cette tâche. Ce qui me rappelait un peu le temps où je trayais les vaches. Il fallait des avant-bras robustes pour évider dix noix de cocos rapidement.

Le petit-déjeuner était servi pour vingt-cinq résidents environ. Le nombre de personnes prévues pour le déjeuner était quelquefois communiqué en cours de matinée cependant celui-ci

En pause de la cuisine

était généralement prévu pour cinquante personnes. Les soirs du Bhava Darshan, le dîner était servi à des centaines de personnes et cuisiné dans des récipients si grands qu'il était possible de s'y allonger. Quand le service du déjeuner était fini, il y avait une pause jusqu'à la préparation du dîner. Il arrivait souvent que le dîner du Bhava Darshan vide complètement le cellier. Alors les résidents de l'ashram n'avaient plus qu'à manger du kanji (riz nature), sans curry de légumes, tant au petit déjeuner qu'au dîner, jusqu'à ce que nous puissions nous réapprovisionner, et cela pouvait durer plusieurs jours.

Au déjeuner, nous avions toujours du riz, un curry de légumes avec une louche de *sambar*, du *rasam*, du *poullisheri* ou du *paddapu dal*. Aucun de ces mets ne nécessitait la noix de coco qui était trop onéreuse, bien que nous fussions entourés de cocotiers. Le curry de légumes était soigneusement partagé. Souvent le matin je récoltais du *cheera*, une sorte d'épinard sauvage qui poussait autour de la maison. Il fallait longtemps pour en récolter de quoi préparer un plat pour le déjeuner. Le *chembu* ou racine de pied d'éléphant, était également une denrée de base. C'est une sorte de légume bon marché, très irritant pour la peau quand il est cru, il fallait s'enduire les mains d'huile pour le couper en morceaux. Vanté bien sûr pour ses qualités nutritives et non pour son goût. Nous ne pouvions jamais nous offrir ni *okras*, ni *moringa*, ni concombres amers. Même les pommes de terre étaient un luxe. Cuisiner à l'ashram était diamétralement à l'opposé de mon expérience dans la cuisine du restaurant au Nouveau Mexique. Servir les autres sans espérer aucune récompense me donnait beaucoup d'énergie. Nous travaillions silencieusement, en répétant intérieurement notre mantra et en nous efforçant de suivre les instructions d'Amma à la lettre.

Parfois des dévots nous amenaient des sacs de racines de *cheeni* fraîchement récoltées, une délicieuse variété locale de racine de tapioca. On préparait alors un déjeuner de fête. Amma venait souvent nous aider à couper le *cheeni* en morceaux comme elle le fait encore occasionnellement lors des programmes du mardi dans le temple de Kali. Bananes vertes à cuire, énormes concombres-melons, autres racines locales, choux et carottes étaient notre quotidien. Un oignon était un oignon de trop. Hors de question d'utiliser de l'ail. Du sel, bien sûr. Du poivre noir, des graines de cumin, un peu de piment rouge séché, une pincée d'assa-fœtida, de la pâte de tamarin frais, du gingembre frais, des feuilles de curry fraîches, des graines de coriandre, des graines de moutarde, un ou deux piments verts, c'était tout ce que nous avions comme épices et assaisonnement. Régulièrement Kocchupapa, l'adorable petit frère d'Amma, aujourd'hui connu sous le nom de Sudhir Kumar, passait la tête à l'arrière de la cuisine pour voir si nous avions besoin de provisions. Puis il allait chez le marchand de légumes voisin pour acheter ce qui manquait.

Quelle époque extraordinaire ! J'appris à préparer correctement des douzaines de plats différents, à nourrir cent personnes à partir d'un repas cuisiné pour cinquante, tout en saisissant les instructions dans une langue que je ne comprenais pas vraiment.

La pierre à broyer était le seul appareil électrique que nous possédions. Les jours où nous pouvions cuisiner du curry à base de noix de coco, nous placions la noix de coco fraîchement râpée dans le puits de la pierre à broyer circulaire. Le pilon était placé à l'oblique du mortier et maintenu en place par une chaîne. Puis, on mettait la machine en route et la noix de coco était broyée sans relâche, mélangée à du gingembre frais et à d'autres épices, selon le plat à préparer. Tous les ingrédients étaient ainsi broyés ; il fallait trente minutes pour obtenir une pâte granuleuse, ou quarante-cinq minutes pour une pâte fine.

Le « service » contrôle qualité se présentait souvent, en la personne d'Amma, bien sûr ! Elle arrivait sans crier gare et trempait son doigt dans la pâte en train d'être mélangée, pour en contrôler le goût. N'aurais-je mis qu'une petite échalote ou un mini oignon violet, Amma l'aurait aussitôt détecté. Impensable d'ajouter ne serait-ce qu'une ou deux gousses d'ail ou un clou de girofle. Amma pouvait détecter en une fraction de seconde les ingrédients utilisés. J'avais au moins appris à réciter continuellement mon mantra en cuisinant, ce qui, aux yeux d'Amma, était l'ingrédient le plus important.

Les feux étaient difficiles à gérer pour plusieurs raisons. Premièrement, il fallait trouver suffisamment de combustible sec pour les alimenter. La tige de la feuille de palmier devint l'une de mes meilleures amies mais elle devait être totalement sèche pour brûler. J'empilais tout ce que je pouvais trouver et le laissais sécher le temps nécessaire. C'était surtout à la mousson que l'exercice s'avérait un véritable défi. Nous n'achetions jamais de bois à l'extérieur : trop cher. Une fois, un vieil arbre tomba et un homme vint le débiter en bûches. Un don du ciel ! Dès que j'avais du temps libre, je dénichais des coques de noix de coco sèches, des brindilles, des feuilles de palmier, etc. Tout bois, qu'il fût humide ou sec, était ramassé et mis sur le tas.

Damayanti Amma était d'un immense secours lorsqu'il s'agissait de s'assurer que j'avais toujours suffisamment de bois pour la cuisson. Si elle voyait quoi que ce soit dans les alentours, elle m'en informait aussitôt. Elle veillait à ce que tous les résidents soient nourris en temps et en heure, ce qui impliquait un stock suffisant de combustible à la disposition du cuisinier. Elle s'y consacrait corps et âme. Damayanti Amma m'a toujours manifesté beaucoup de bonté, bien que le fait de m'accepter dans la cuisine n'allât pas sans effort de sa part, du moins j'imagine. Depuis que la famille d'Amma comprenait la mission qu'elle avait à accomplir, plus rien ne les arrêtait quand il s'agissait de nourrir l'ashram naissant. C'était incroyable. La famille était prête à faire tout ce qui était en son pouvoir pour donner le nécessaire aux dévots, même si cela impliquait de travailler côte à côte avec une étrangère venue de l'autre bout de la planète et qui ne connaissait rien à rien.

Le deuxième problème, c'était la chaleur. Tout mon corps semblait réagir à la chaleur intense du feu dans l'espace restreint de cette minuscule cuisine. Mon corps, et plus particulièrement mon visage, était couvert de cloques. De plus, une fois le riz cuit, le *kanji vellam* (l'eau du riz) devait être versé dans un récipient plus petit. Cela impliquait de pencher comme il fallait la marmite de riz posée sur des pierres au-dessus du feu. Imaginez-vous en train de verser presque 40 litres d'eau de riz bouillie dans un récipient posé à même le sol. Pas question de verser à côté, c'eût été un désastre ! En versant l'eau, la vapeur et la chaleur provoquaient l'apparition de cloques sur tout mon corps. Comme je voyais Amma souffrir dans son corps pour le confort de ses dévots, je n'osai pas parler de mes cloques et des brûlures occasionnées par la chaleur. Mais un jour, un incident me força à montrer mon état à Amma.

PIQÛRES D'INSECTES

Je faisais toujours très attention de ne tuer aucun être vivant à l'ashram, même s'il s'agissait d'un insecte ou d'une araignée. Mais Damayanti Amma m'avait montré un insecte qu'il me fallait éliminer à tout prix si j'en voyais un dans la cuisine, à savoir le mille-pattes venimeux. Un mille-pattes plat, brun, brillant, de 7,5 à 12,5 centimètres de long. Elle me dit qu'ils étaient très mauvais et que je devais me méfier de leur présence dans les éviers et dans le tas de bois. Ils étaient agressifs et vifs. Ils remontaient le long de votre jambe et vous piquaient en un instant. Très venimeux et douloureux. Alors je révisai à la baisse mon idéal de non-violence ; quand j'en voyais un, c'était sa fin assurée. J'en tuai probablement deux ou trois en l'espace de six mois. Je le vivais mal à chaque fois, mais justifiais mon geste en pensant à ma sécurité et à celle des autres, ce qui avait aussi son importance. Une nuit, alors que je dormais dans ma hutte, je me réveillai en sursaut, j'avais ressenti comme un pincement sur mon bras au niveau de l'aisselle. Le pincement s'arrêta et je commençais à m'assoupir quand un pincement plus fort encore que le premier me réveilla complètement. Je portais un *choli*, une blouse que l'on porte sous le sari. Ma main droite se posa à l'endroit où la douleur commençait à irradier. Et alors, je compris exactement ce qui m'arrivait.

Sous la manche de ma blouse, je pouvais sentir quelque chose se tortiller entre mes doigts : un mille-pattes. Zut ! En un instant j'arrachai ma blouse et bien sûr, la pauvre bête était bien là. Elle tomba sur le sol et fila vers l'extrémité de la hutte. Un éventail qui se trouvait là lui asséna un coup et le sectionna en deux. Et je peux jurer qu'il a filé dans deux directions différentes ! La marque rouge sur mon bras s'étendait déjà et la douleur irradiait tout le long du bras et remontait jusqu'au cou. J'enfilai ma blouse et un demi-sari pour aller chercher de l'aide. Des résidents se reposaient à côté du Kalari car ils avaient donné leur chambre à des dévots quelques heures auparavant, à la fin du Bhava Darshan. Je les réveillai car je ne savais pas quoi faire et ne voulais pas déranger Amma inutilement. Je décrivis ce qui s'était passé et leur demandai leur avis. Pour eux, les mille-pattes n'étaient pas si venimeux que cela et ils me rassurèrent en me disant que tout irait bien. On verrait le lendemain matin. En attendant, ils me donnèrent du *bhasmam* béni par Amma, à frotter à l'endroit de la piqûre, ce qui eut un réel effet apaisant. Ils se montrèrent gentils et patients bien que leur sommeil eût été perturbé.

Ils avaient dit vrai. Le lendemain la piqûre paraissait aller mieux. Mise à part une marque dure et sensible à l'endroit où le poison s'était infiltré, rien de particulier à noter. Étant allergique aux piqûres de bourdons, je savais reconnaître les fortes réactions aux piqûres d'insectes. Ce n'était pas une allergie. Je retournai donc à la cuisine pour allumer les feux. Environ une heure plus tard, j'avais déjà quasiment oublié cette piqûre quand j'eus soudain une montée d'adrénaline : c'était comme si on avait allumé un feu dans mes veines. Toute étourdie, je m'assis à même le sol. La jeune indienne qui m'aidait à la cuisine comprit qu'il m'arrivait quelque chose de grave. Elle posa la louche qu'elle tenait et m'amena jusqu'à Amma en me tenant par la main. Amma m'examina et observa deux choses : des marques et des traces de cloques apparaissaient un peu partout. On lui raconta la piqûre du mille-pattes de la nuit précédente. « La chaleur du feu a activé le poison et provoqué une réaction allergique », dit Amma. Elle appela Damayanti Amma pour qu'elle m'emmène immédiatement chez le médecin. Je priai Amma que ma trachée n'enfle pas au point de se boucher en chemin.

À l'époque, il était plutôt compliqué d'aller chez le médecin : nous sommes partis d'un pas rapide, avons traversé la lagune en bateau. Puis, ayant remonté le chemin de terre jusqu'à un bâtiment et tourné à droite, nous nous sommes enfoncés dans les rizières bordées par les canaux qui quadrillaient alors tout le paysage. Il était midi. Le soleil nous écrasait de ses rayons alors que nous marchions sur le remblai séparant deux rizières. Je commençai à me sentir faible mais la peur de tomber du remblai dans la rizière me tenait sur mes gardes. Je réussis, je ne sais pas comment, à avancer en chancelant à travers champ, et nous arrivâmes chez le docteur une vingtaine de minutes plus tard.

Le docteur était âgé, il avait le visage rond, plein de bonté et d'intelligence. Bien entendu, je ne savais pas dire « piqûre de mille-pattes venimeux » en malayalam. Mais il a suffi que je dessine dans le sable avec un bâton. En voyant mon dessin, Damayanti Amma et le docteur se mirent à hocher la tête d'un air grave. Le docteur disparut dans la maison et revint quelques moments plus tard tenant dans une main trois boulettes jaunâtres de la taille d'une bille et dans l'autre un verre d'eau. Il me dit d'avaler une des boulettes et de boire l'eau. Ce que je fis. C'était frais et parfumé, plutôt piquant et légèrement amer. Il tendit les deux autres boulettes d'herbes à Damayanti Amma et n'accepta aucune rémunération. Il me demanda d'aller me reposer sur la chaise longue sous le porche avant de rentrer et je m'y allongeai avec soulagement. Quant à Damayanti Amma, elle se détendit à côté: une pause bienvenue à l'abri de la chaleur avant de prendre le chemin du retour.

Pour ma part, cette histoire s'acheva quelques vingt ans plus tard. En 2009, un mardi, lors d'une session de questions-réponses, Amma évoqua les premiers temps à l'ashram. Bien que je n'aie jamais parlé à Amma de mes cloques, elle raconta qu'à l'époque, la cuisinière de l'ashram était couverte de cloques dues aux feux ouverts, mais ne s'en était jamais plaint. Si d'aventure vous pensez que quelque chose a échappé à Amma, qu'après vingt ans elle l'a oublié ou bien qu'elle n'y attache pas d'importance, détrompez-vous !

SOUVENIRS D'ANTAN

Plus récemment encore, plus de vingt-cinq ans après que j'eusse cessé de cuisiner à l'ashram, un des premiers résidents indiens propriétaires m'arrêta alors que je passai devant le temple de Kali. Pappettan Acchan voulait me montrer une publication en malayalam, parue sous le nom « Divya Upadesham », qu'il avait trouvée dans une pile de revues à donner. Il avait lu un article sur la cuisinière aux premiers temps de l'ashram. Au moment même où il se rappelait qu'il s'agissait de moi, voilà que je passai devant lui ! Bien entendu, il eut à cœur de me raconter ce qui était écrit.

C'était en 1986 et Amma conduisait un programme à l'extérieur de l'ashram dans la ville toute proche d'Alleppey. Elle avait prévu d'être de retour à l'ashram avec tous les résidents avant midi, lorsque le programme serait terminé. Mais Amma m'avait demandé de la précéder et de rentrer tôt à l'ashram pour préparer le repas du jour. Toutefois en arrivant, je m'aperçus que le repas était déjà prêt. Je ne savais plus quoi faire. Pourquoi Amma aurait-elle voulu que je prépare le repas si cela n'était pas nécessaire ? Je décidai donc de faire ce qu'elle m'avait dit et j'allumai les feux.

L'article mentionnait que les gens avaient critiqué mon choix et que beaucoup m'avaient prise à parti en disant que la nourriture serait gâchée et qu'il faudrait la jeter puisqu'on n'attendait pas grand monde pour le repas. Mais je voulais obéir aux instructions d'Amma. S'il y avait trop de nourriture, elle pourrait être resservie pour le repas du soir. Amma ne m'aurait pas envoyée cuisiner sans raison.

Au retour d'Amma, beaucoup de dévots arrivèrent sans prévenir pour la voir. Et c'est seulement grâce aux instructions d'Amma qu'il y eut suffisamment de nourriture pour tout le monde ! À première vue, les paroles d'Amma paraissaient absurdes mais la profondeur de sa vision était infaillible. Dans l'article du Divya Upadesha, Amma faisait remarquer que le disciple adhère sincèrement aux paroles du guru, car il sait qu'elles sont la Vérité, même si d'autres personnes les remettent en cause. Je n'ai encore jamais entendu Amma parler à la légère ou pour dire n'importe quoi. Quand un Maître Réalisé parle, ses paroles sont la vérité même.

Alors que j'étais aux États-Unis pour renouveler mon visa, une autre occidentale vint s'installer à l'ashram. Elle était originaire des Pays-Bas et avait approximativement mon âge. Nous nous sommes tout de suite bien entendues. Tout le monde l'adorait. Où qu'elle fût, les rires fusaient. Or, il fallut remplacer la jeune Indienne qui ne pouvait plus travailler à la cuisine. La jeune Néerlandaise fut proposée pour la remplacer. Amma doutait que la cuisine pût être bien gérée par deux personnes peu familières avec la cuisine indienne. Cependant, comme il n'y avait pas beaucoup d'alternatives, il en fut ainsi. Au début, tout se passa bien. Nous aimions cuisiner mais nous faisions un peu n'importe quoi. Je me rappelle un soir où il était resté beaucoup de riz du déjeuner. Il nous vint l'idée de faire des crêpes de riz, un peu comme des crêpes de pommes de terre. À ce moment-là, cela nous parut une bonne idée. Mais malgré tous nos efforts, nous n'arrivions pas à empêcher la pâte à crêpe de dégouliner sur la plaque de cuisson. Et même si cela avait marché, comment faire adopter l'idée aux résidents de manger des crêpes de riz pour le dîner ? Heureusement, nous pûmes modifier tant bien que mal le menu du dîner et finir la cuisine avant la fin des bhajans. Chacun put donc manger à sa faim.

CONSTRUCTION DU TEMPLE DE KALI

Un matin, certains d'entre nous s'étaient rassemblés devant le hall de méditation, juste avant que ne commence le cours sur les Upanishads. On nous annonça qu'un nouveau hall de prières allait être construit dans la cour à l'entrée de l'ashram et que, pour cela, il fallait abattre les cocotiers. Quelques personnes s'émurent du sort de ces arbres, mais Amma n'en tint pas compte. Les arbres allaient être sacrifiés pour une plus grande cause. Jusqu'à maintenant quelques personnes profitaient de ce lieu pour méditer, mais bientôt cet endroit allait permettre à un plus grand nombre d'atteindre l'illumination et de répandre la paix dans le monde. Notre attachement à ces arbres était compréhensible mais il nous fallait reconnaître la profondeur d'un tel sacrifice pour le bien de l'humanité.

Une fois le terrain dégagé, l'astrologue choisit soigneusement le jour le plus favorable pour la cérémonie de consécration. Amma dirigea cette puissante cérémonie, et consacra la première pierre. On commença aussitôt à creuser les fondations et les matériaux arrivèrent très vite. De l'acier pour les piliers, du granit à écraser et à mélanger au béton, et des sacs et des sacs de ciment empilés le long du périmètre délimité pour le bâtiment. La taille et l'urgence de ce projet étaient un peu surprenantes, car nous n'étions encore qu'une vingtaine à vivre à l'ashram. Mais Amma insista en nous disant que nous n'avions pas idée du nombre d'enfants qui allaient arriver et qu'il nous fallait leur préparer un endroit pour s'installer.

Et nous transportâmes donc du sable. Des tonnes et des tonnes de sable, nuit après nuit ; nous le transportions dans des marmites posées sur la tête. Nous marchions sur les passerelles étroites qui traversaient le lagon et rejoignaient la côte. Le sable était alors compacté pour combler les espaces vides entre les piliers de béton des fondations du futur temple de Kali. C'était un travail merveilleusement pénible. Nous chantions des mantras pour nous soutenir dans nos efforts et, en pleine nuit, Amma nous préparait des boissons chaudes et nous distribuait tout ce qui restait au cellier, puis nous regagnions nos huttes pour dormir quelques heures.

Parfois le travail du béton tombait les jours du Bhava Darshan. On voyait alors les dévots, pour la plupart endimanchés, rejoindre avec ferveur la file des résidents qui se passaient les *chutties* (sorte de plateaux chinois en acier) remplis de béton, depuis la bétonnière jusqu'à l'endroit où l'on versait leur contenu pour ériger les piliers de béton. Les gens se tenaient côte à côte et lançaient le récipient plein de béton à leur voisin. Il fallait parfois monter les récipients les uns après les autres jusqu'au second puis au troisième étage, les plus jeunes se tenant sur les échafaudages. Chacun se concentrait afin de ne pas faire tomber de béton sur la personne en-dessous. L'ambiance était très joyeuse et le travail s'effectuait dans un bel esprit d'équipe pendant ces journées-là. Il y avait alors beaucoup d'affamés au déjeuner ! C'est ainsi que le temple de Kali fut construit, à l'endroit même où Amma avait dansé en Kali Bhava. On la voyait maintenant en train de jeter des bacs de béton au milieu des dévots qui bientôt viendraient assister au Dévi Bhava dans le temple construit par Kali en personne ! Une fois encore, Amma avait rendu le travail amusant et facile à gérer grâce à sa présence active. En sa présence, travailler ensemble pour un grand projet se faisait sans effort. Bien que la construction fût arrêtée quelques temps en 1987, date à laquelle Amma envoya ressources et bénévoles reprendre la gestion d'un orphelinat de 500 enfants tombé en faillite, la construction du temple s'acheva – étonnamment – à temps pour les célébrations du 34ème anniversaire d'Amma, en octobre 1987, soit un peu plus d'un an après le début des travaux.

PROGRAMMES D'AMMA À L'EXTÉRIEUR DE L'ASHRAM

Ce fut à peu près à cette même époque que les villes et villages alentours commencèrent à inviter Amma pour des programmes à l'extérieur de l'ashram. Je me souviens de quelques noms : Kollam, Alleppy, Mavelikara, Harippad, Tiruvella, Kottayam et Pandalam. Quelqu'un fit don à l'ashram d'un minibus marron-foncé. Sur le côté du bus on pouvait lire « Mata Amritanandamayi Mission » peint en lettres blanches. À l'intérieur, on comptait six bancs où deux personnes pouvaient s'asseoir confortablement, ou trois personnes serrées. Tout l'ashram tenait dans le minibus, et Amma s'asseyait sur l'avant-dernier siège, à droite dans le bus. Voulant laisser un peu plus de place à Amma qui avait tant donné cette nuit-là à ses dévots, je m'accroupissais par terre entre les bancs, découvrant avec surprise que cette position était confortable. Il m'arriva souvent de pouvoir servir de coussin pour les pieds d'Amma ! Je pouvais rester une ou deux heures dans cette position sans me rendre compte du temps écoulé, tellement j'étais imprégnée de l'atmosphère de dévotion qui régnait dans ce minibus.

On pouvait tirer d'épais rideaux couleur crème et fermer les fenêtres pour préserver notre intimité lorsque nous traversions une ville. La température montait alors à l'intérieur. Amma se mettait à rire, elle disait que dans les temps anciens, les rishis allaient dans des grottes pour pratiquer des austérités tandis qu'aujourd'hui, un simple minibus suffisait. Une des premières conditions de la vie spirituelle, est de dépasser l'attraction et la répulsion, le chaud et le froid, le plaisir et la souffrance. Si l'on souhaite l'éveil, il ne faut pas se laisser affecter par tous ces changements. Notre esprit doit rester ferme.

Remarquant aussi que bon nombre d'entre nous regardaient par la fenêtre, Amma expliqua que si nous regardons à l'extérieur, nous ne voyons rien à l'intérieur. Toutes ces impressions subtiles s'inscrivent dans le mental même si nous pensons qu'elles ne nous affectent pas. Par la suite, ces impressions vont générer des *vasanas* (tendances) et de l'agitation que nous aurons à surmonter. Nous essayons d'apaiser les pensées de notre mental quand nous partons en pèlerinage, nous disait Amma, et non pas de les renforcer.

Selon la distance que nous devions effectuer, nous pouvions quitter l'ashram vers la mi-journée. Nous nous arrêtions chez des gens qui nous accueillaient pour nous rafraîchir. On nous servait du thé et à manger. C'était le seul moment où nous buvions du thé, mais comme il n'était pas recommandé pour les cordes vocales d'en boire avant de chanter, généralement nous déclinions l'offre.

Aucun livre de chants n'était publié à l'époque. Je recopiais donc dans un cahier, à la main, les chants qu'Amma voulait chanter. Il arrivait souvent qu'un des résidents, surtout Puja Unni, aujourd'hui Swami Turiyamritananda, soit inspiré et écrive un nouveau chant. Chacun d'eux avait un message profond et une mélodie unique. Les chants étaient une offrande d'amour et de dévotion. L'essentiel des enseignements d'Amma pouvait être compris facilement rien qu'en écoutant les chants dévotionnels :

Consacrer son esprit, ses paroles et ses actes au souvenir et au service de Dieu (*Manasa Vacha*), ne pas avoir l'hypocrisie d'aller prier au temple puis de donner un coup de pied au mendiant à la sortie du temple (*Shakti Rupe*), se rappeler que personne au monde ne nous appartient vraiment (*Bandham Illa*), se concentrer sur le but (*Adiyil Paramesvariye*), verser des larmes innocentes tel un enfant devant la Mère divine afin d'atteindre le but (*Ammayil Manasam*), se fondre dans un état d'unité avec sa divinité bien-aimée grâce à la pratique de la méditation et des austérités (*Karuna Nir Katale*), plonger dans la vision intérieure de son Bien-Aimé (*Kannilenkilum*), et atteindre une paix parfaite et pure dans ce monde de souffrances (*Ammayennulloru*). Le chemin de l'amour et de la dévotion était tracé dans tous les chants dévotionnels d'Amma que nous chantions au Kalari et dans les temples à l'extérieur de l'ashram où les programmes avaient lieu.

Amma me montra comment garder le *talam* (suivre le rythme du chant ou compter les temps) en tapant doucement son doigt sur mon genou. Il est important de ne pas bouger le corps pour que le mental puisse mieux se concentrer. Grâce à la musique dévotionnelle, l'esprit peut atteindre un état d'immobilité parfaite. J'essayais sans cesse de boucher les trous entre les moments de béatitude, comme Amma me l'avait indiqué auparavant.

Une fois les bhajans terminés, Amma donnait le darshan jusque tard dans la nuit. Souvent, nous nous entassions dans le minibus à deux ou trois heures du matin, pour rentrer à l'ashram alors que le soleil se levait. J'allais alors prendre une douche puis je me dirigeais vers la cuisine, la tête remplie de magnifique musique et de la présence pleine d'amour d'Amma.

Ainsi, les semaines et les mois passèrent et bientôt une année. Ma pratique était un mélange équilibré de service, de méditation, d'études des écritures et de hatha yoga. Chacun de nous suivait les instructions spécifiques qu'Amma lui avait données. Cela

dépendait de notre caractère : si nous étions plus portés à la dévotion ou plus intellectuels, si nous avions un tempérament plutôt
tamasique (léthargique), *rajasique* (actif), ou *sattvique* (pur), si nous
étions d'un abord plutôt doux ou plutôt rude. Amma reflétait
parfaitement ce qui habitait notre cœur. Ceux qui étaient pleins
d'amour nageaient dans l'amour et la grâce. Ceux qui manquaient
de subtilité et de raffinement étaient constamment mis à l'épreuve.
De toute évidence, Amma s'y prenait de manière différente pour
instruire ceux qui étaient venus recevoir un enseignement spirituel. Comme nous étions peu nombreux, il était facile de voir
ceux qui prenaient le temps d'aller à l'archana et ceux qui ne le
prenaient pas. Ceux qui s'asseyaient pour méditer et ceux qui ne
s'en donnaient pas la peine. Ceux qui venaient aux cours avec
enthousiasme et ceux qui s'y endormaient. Une jeune femme, qui
quitta l'ashram de longues années plus tard, s'obstinait à ne pas
faire les pratiques, justifiant son absence par le fait que son seva
ne lui en laissait pas le temps. Pour préserver sa vie privée, je ne
la nommerai pas. J'en parle ici et à certains moments dans le livre
car elle a eu un impact sur mon propre cheminement.

Ayant une forte tendance (vasana) à juger les autres, j'essayais
de cultiver l'attitude du témoin et de m'améliorer. Nous ne savions
pas, alors, qu'Amma nous tenait exprès à l'écart du monde pour
donner à chacun la chance de grandir et de se fortifier spirituellement avant que la vague ne déferle.

CHAPITRE 5

Mes enfants m'appellent

Nous étions environ une vingtaine de renonçants à vivre avec Amma à Idammanel, sur la propriété de la famille, lorsqu'en avril 1986 Amma reçut et accepta une invitation à se rendre en Amérique. L'invitation venait du frère de Nealu, Earl Rosner, et de son épouse, Judy, qui habitaient à San Francisco. Un jour, cet instant sera considéré comme un tournant dans l'histoire du monde. Mais à ce moment là, j'étais en pleine préparation du déjeuner et je n'avais aucune idée de ce qui venait de se passer dans la hutte où Amma se trouvait avec quelques résidents. Nealu apparut à la porte de la cuisine et attira mon attention. « Amma vient d'accepter l'invitation de mon frère à se rendre en Amérique. Elle m'a envoyé te demander ce qu'il fallait pour le voyage, » dit-il. Je me souviens avoir posé la louche dont je me servais pour mélanger la nourriture. Jetant un coup d'œil aux flammes, je réfléchis. J'énumérai, au pied levé : des passeports, des visas, des chaussettes chaudes, un endroit pour qu'Amma puisse chanter des bhajans et des affiches, beaucoup d'affiches, parce que personne ne connaissait Amma en Amérique.

Quand il partit informer Amma, je me suis dit : « Mais qu'est-ce que j'en sais ? » et je me suis remise à faire la cuisine.

À peine deux heures plus tard, on frappa à la porte de ma hutte.

C'était Swami Paramatmananda avec une machine à écrire rouillée dans les mains. « Je pense que tu vas en avoir besoin. » dit-il en me la donnant. « Amma a dit que tu devais faire tous les préparatifs pour le séjour. »

Le monde allait faire la connaissance d'Amma ! Elle me dit cet après-midi là : « Mes enfants sont partout. Ils appellent Amma, mais ils ne peuvent pas me trouver. Amma doit aller à eux. » Je savais qu'Amma disait vrai, puisque moi-même, j'avais appelé pendant presque deux ans avant d'entendre parler d'elle. C'était cette impatience, ce vide et cette souffrance intérieure qui m'avaient fait bouger sans relâche et qui m'avaient poussée à trouver Amma. Et je n'étais certainement pas la seule ici-bas, à crier dans le désert. Mais combien de personnes, par un même concours de circonstances, quitteraient leur foyer et leur vie pour parcourir tout ce chemin jusqu'à la jetée de Vallikavu et traverser la rivière afin de rencontrer Amma ?

UNE JOURNÉE AVEC AMMA

Les pensées se bousculèrent dans mon esprit et les idées prirent forme.

Il me parut évident que je devais me rendre dans les villes où vivaient mes amis et ma famille. Je raconterais à qui voudrait ma rencontre avec Amma et ce qui se passait ici : la guérison de Dattan le lépreux, sa manière de nous guider avec génie sur le chemin spirituel. Je leur dirais qu'elle avait déjà créé une école et une salle de dispensaire gratuite où un médecin et une infirmière donnaient premiers soins et médicaments aux villageois les plus pauvres de l'île. Je m'asseyais à côté de Swami Paramatmananda pour lui faire part de mes idées et écouter les siennes. Nous avons décidé de réaliser un petit documentaire sur la vie auprès d'Amma que nous avons appelé « Une journée avec Amma ». Amma donna sa bénédiction pour le tournage et Swami Paramatmananda travailla jour et nuit pour le finir avant mon départ. Nous en avons réalisé un autre plus court appelé « Amrita Sagara : Océan de Béatitude » fondé sur les enseignements d'Amma. Saumya (aujourd'hui appelée Swamini Krishnamrita Prana) en fit la bande-son. Nous nous disions que ces films seraient le meilleur moyen de présenter Amma au plus grand nombre.

La mère de Nealu se trouvait à Chicago, ma famille était à Pittsburgh et à Boston. Son premier professeur de yoga était à Madison, son frère et tous mes amis de l'université à San Francisco. Je pouvais facilement me rendre là-bas, même si, pour l'instant, je n'avais aucune idée de la façon dont j'allais voyager, car je ne disposais d'aucun moyen financier pour faire tout cela. Nous avons tous deux commencé à écrire des lettres. Un jour un aérogramme arriva à l'ashram. Il provenait d'un certain George Brunswig qui écrivait de San Francisco. Il avait entendu parler d'une brochure appelée « La Mère de la Douce Béatitude », qui décrivait la vie d'une sainte indienne du nom d'Amma. Il se demandait si nous pouvions lui envoyer le fascicule et il nous rembourserait le prix du livre et les frais de port. Ce fut notre premier contact à l'extérieur. Je lui répondis le jour même en lui expliquant que j'allais venir à San Francisco et que j'aurais avec moi des exemplaires de la brochure. Je l'appellerais au début de l'été, s'il était d'accord.

L'ALLER-RETOUR DEVIENT UNE TOURNÉE DU MONDE

Il se produisit une chose très surprenante quand j'allai à l'agence de voyage de Cochin. Après avoir expliqué à l'employée ce que je souhaitais, un simple aller-retour pour San Francisco, avec retour deux mois plus tard, nous en vînmes à discuter pendant qu'elle regardait les tarifs. Je lui parlai un peu de ce que je faisais, sans penser que cela puisse vraiment l'intéresser. Mais elle prit un drôle d'air pour me parler d'une bonne aubaine. En payant à peine plus cher, je pouvais choisir deux compagnies et dix villes. Prendre un billet pour faire la tournée du monde avec dix escales au total ! Pour seulement mille dollars ! J'en suis tombée à la renverse. C'était exactement ce qu'il me fallait ! Du coup j'ai pensé que l'on pouvait aisément passer par l'Europe. Cela semblait vraiment bien démarrer. Comme ils ne m'avaient pas vue depuis un moment, mes parents furent heureux de m'offrir le billet. En un instant dans ma tête, le voyage d'Amma en Amérique s'était transformé en tour du monde. Je dis à l'employée de l'agence que je lui ferais signe dans les jours à venir. En retournant à l'ashram, je ne pus attendre de parler à Amma de la nouvelle et fabuleuse tournure que prenaient les événements.

Amma ne broncha absolument pas. Elle était en train de jardiner quand je lui racontai ce qui s'était passé. Elle leva juste les yeux vers moi et dit : « D'accord ma fille, fais au mieux. Un des enfants d'Amma est en France et tu peux lui écrire. Vois ce qu'il en pense » puis elle se remit à jardiner. Amma est la personne la plus détachée que j'aie jamais rencontrée. J'aurais peut-être suscité plus de réaction si j'étais venue lui annoncer que j'avais trouvé un moyen astucieux d'accommoder un reste de riz.

DES DONS QUI DONNENT

Avant de partir, j'allai demander à Amma sa bénédiction. Elle me donna deux cadeaux d'adieu. Le premier était une simple lampe à huile en laiton de taille moyenne. Je devais la mettre sur une petite table et l'allumer avant chaque projection vidéo. Avec un sourire étincelant, Amma montra la partie supérieure de la lampe et dit « troisième œil », en y mettant du kumkum, puis elle montra la partie inférieure et dit « les pieds » en montrant deux points sur le bord qu'elle marqua également de kumkum. Je pourrais me représenter la Mère divine assise là, me tenant compagnie.

Le second présent était une bague. Amma avait sorti une petite boite à bijoux qu'elle avait posée à côté d'elle pendant que nous parlions. Elle l'ouvrit et me remit une bague en argent sur laquelle était serti un portrait d'elle en émail sur fond bleu ciel. Elle souhaitait que je la porte. J'étais émue aux larmes. Je l'essayai immédiatement, elle allait à la perfection à l'index de ma main gauche. Cette bague m'a réconfortée tout au long des nombreux kilomètres que je dus parcourir, avant qu'Amma et moi ne soyons réunies, plus tard dans l'été.

« Ma fille, ne demande jamais rien et tout arrivera ». Avec une confiance absolue dans les paroles d'Amma, je partis faire la tournée du monde par l'Est. Des années plus tard, en lisant le Ramayana pour la première fois, je compris pourquoi Rama avait donné sa bague à Hanuman afin que sa bien-aimée Sita puisse vérifier son identité. Bien que je ne sois pas Hanuman, le *sankalpa* (l'intention divine) d'Amma aura été ressenti par ses enfants à l'étranger, grâce à la bague que je portais.

SUR LA ROUTE

Quand je partis en juin 1986, je n'imaginais pas du tout que j'entamais, le premier d'une suite de trois voyages qui m'amèneraient à traverser de long en large les États-Unis et l'Europe. Amma ne commencerait sa tournée du monde qu'un an plus tard. Avant cela, les milliers de kilomètres se transformèrent en dizaines de milliers de kilomètres d'effort pour qu'Amma puisse venir en Occident rencontrer ses enfants qui l'appelaient. Je n'avais aucun plan, pas de dévots à contacter. Pas de livre du style « Programmer une tournée du monde pour les nuls » pour me servir de guide. Ma famille m'avait juste acheté un billet pour aller la voir et j'étais partie. Ils étaient loin de se douter à quel point cette visite aurait des allures de tornade et que, moins d'un an plus tard, ils accueilleraient chez eux une sainte indienne dénommée Amma.

J'atterris à San Francisco avec un sac à dos contenant une tenue de rechange, la lampe à huile en laiton, des exemplaires de la brochure « Mère de la Douce Béatitude » et les deux vidéos que nous avions réalisées. Puis je traversai le pays et fis la tournée du monde, pour montrer la vidéo au plus grand nombre possible de gens dans chaque ville où j'avais de la famille ou des amis. Dans

ces lieux j'étais sûre de trouver le gîte et le couvert, de la gentillesse, de l'amour et un esprit généreux. Chaque fois que j'étais à court d'idées ou que j'avais l'impression de perdre les pédales, la grâce d'Amma m'entraînait dans la direction suivante. Comme je n'avais aucune possibilité de l'appeler, il fallait que j'écoute avec mon cœur ce qu'Amma souhaitait. Ces méditations m'ont conduite dans toutes les directions imaginables.

LA PREMIÈRE PROJECTION

La toute première projection publique de la vidéo « Une journée avec Amma » eut lieu à San Francisco et fut organisée par George Brunswick, l'homme qui avait envoyé l'aérogramme demandant le fascicule « la Mère de la Douce Béatitude ». Environ une vingtaine de personnes y assistèrent. Pendant la séance de questions réponses qui suivit, il devint clair que certains d'entre eux s'étaient connectés à Amma pendant la vidéo. Comme le groupe se dirigeait vers le salon pour prendre des rafraîchissements, deux personnes s'approchèrent de moi, se présentant comme Tina et Nancy. Elles me dirent qu'elles étaient prêtes à tout faire pour m'aider. Je sentis qu'Amma m'avait très rapidement envoyé deux anges.

Nous fixâmes un rendez-vous pour nous revoir et elles m'indiquèrent comment aller à Berkeley où elles vivaient.

COMMENT POUVONS-NOUS AIDER ?

Quelques jours plus tard, alors que je me dirigeais vers le rendez-vous, je me demandai comment cela allait se passer. Quelle était la prochaine étape ? « Ne demande rien et tout arrivera » tel était l'ordre d'Amma. Cela simplifiait bien les choses ! Il s'avéra que Tina était la mère de Théo, un adorable garçon de 6 ans. Nancy était chercheuse scientifique au campus de Berkeley (université de Californie). Elles voulaient en savoir plus sur Amma et me posèrent des questions ; cet entretien dura plus de deux heures.

Quand je pris congé, elles exprimèrent de nouveau leur fervent désir de m'aider par tous les moyens possibles. Puisque très peu de gens connaissaient Amma aux États-Unis, je sentis que ce serait une bonne idée de travailler avec elles. Je n'avais rien demandé, elles avaient proposé. Elles répondaient au critère !

Elles commencèrent par organiser d'autres projections vidéo et m'aidèrent à distribuer les brochures sur la vie d'Amma que George et moi avions faites. Ainsi, je trouvai de plus en plus de contacts. Quelqu'un partait au Mont Shasta, quelqu'un d'autre connaissait une famille à Miranda. De cette façon, je pus lâcher prise et laisser les choses se faire. À quelques exceptions près, des scènes comme celle-ci se produisaient dans chaque ville des États-Unis où je faisais halte, quel que soit le nombre de spectateurs. Une ou deux, quelquefois trois personnes se proposaient et manifestaient un grand intérêt. J'allais de l'avant avec ces deux ou trois personnes par ville, je les impliquais dans le travail d'organisation et c'est ainsi que cela s'est mis en place. Chacune d'elle, à sa manière, en est venue à œuvrer sincèrement pour que la première tournée du monde puisse voir le jour, bien avant de rencontrer Amma et simplement parce qu'elles avaient vu « Une journée avec Amma ». Pour moi, c'était un signe de la pure grâce d'Amma que tout arrive au bon moment jusque dans les moindres détails.

LES 4 POINTS CARDINAUX

Au nord, au sud, à l'est, à l'ouest ; en bus, en car, en avion, en train. Dormir chez des amis, dans la famille, dans des maisons, des appartements, des tipis et même occasionnellement dans une yourte, pour montrer « Une journée avec Amma » autant de fois que possible en deux mois. Que ce soit pour une personne ou pour un groupe de vingt-cinq, je suivais le même schéma : allumer la lampe, parler de la vie d'Amma et montrer la vidéo. Puis je parlais du temps que j'avais passé auprès d'Amma et je répondais aux questions jusqu'à ce que chaque personne soit satis-faite. J'expliquais qu'Amma viendrait l'été suivant et si quelqu'un souhaitait être informé de l'avancement de la planification de la tournée, je lui demandais d'écrire son nom et son adresse dans mon carnet. Ces noms devinrent par la suite le noyau d'américains qui hébergèrent Amma dans tout le pays. Quelquefois, des gens apportaient à manger à la bonne franquette et nous parlions de la vie spirituelle avec Amma jusque tard dans la nuit. On voyait toujours clairement ceux qui avaient établi un lien avec Amma pendant la présentation. À partir de ce réseau, naquirent de nouvelles connexions, d'autres projections vidéo, plus de contact entre Amma et ses enfants, tout cela guidé par la grâce infaillible d'Amma.

À la mi-août, ayant continuellement voyagé pendant plus de soixante jours, je retournai avec gratitude auprès d'Amma. J'étais allée à Singapour, San Francisco, Oakland, Berkeley, Carmel, Santa Cruz, au Mont Shasta, à Miranda, Seattle, Olympia, Taos, Santa Fe, Albuquerque, Boulder, Madison, Chicago, Pittsburgh, Baltimore, Washington DC, New York, Boston, Londres, Zurich, Schweibenalp et Graz.

DE RETOUR À LA MAISON

Amma était assise sous le porche devant le Kalari quand je rentrai à l'ashram en ce jour d'août 1986. Quelques résidents, curieux de voir comment j'avais passé ce temps, s'étaient joints à elle. Qu'est ce qui s'était mis en place ? Quand Amma partirait-elle pour l'Amérique ? Dans quels endroits irait-elle ? Combien de personnes avaient entendu parler d'Amma ? Je me rappelle la volée de questions. À la fois excitée et submergée, j'avais du mal à répondre de façon claire. Puis je jetai un coup d'œil à Amma. Parfaitement tranquille, elle semblait tout comprendre. Puis elle leva les yeux, son regard profond et éternel se planta dans le mien, il y avait de la quiétude dans l'air.

La maison d'Amma et le hall de méditation, le Vedanta Vidyalaya, le Kalari, et la maison de la famille d'Amma (de gauche à droite). La photo a été prise de l'endroit où se situe actuellement le temple de Kali.

« *Sheriyayo, mole* ? » ce fut tout ce qu'Amma me demanda. (Tout va bien ma fille ?) Je ne peux décrire l'effet qu'eut sur moi la question simple et directe d'Amma. C'était comme si l'air lui-même avait cessé de respirer en attendant ma réponse. Le temps fut momentanément suspendu pendant qu'Amma sondait la capacité de mon cœur à porter son message au loin et à lui faire rencontrer ses enfants, pendant toute cette période loin de la présence physique d'Amma. Intuitivement, je sentis qu'Amma était en train de tester ma détermination. Calmement et posément, je répondis : « *Sheriyayi, Amme* » (tout va bien Amma). À ce moment je sentis un flot d'énergie dans ma poitrine, comme si un pont subtil d'amour divin reliait le cœur d'Amma au mien. Amma me sourit avec compassion et me garda un long moment dans ses bras. Amma voulait que j'aille me reposer du voyage. Quand je me relevai pour prendre congé d'Amma, je sentis sans erreur possible qu'un lien profond avait été scellé entre nous, un lien qui me donnerait « tout ce qu'il faudrait sans avoir à le demander ». À cet instant, mon âme sut que la tournée aurait lieu, qu'Amma serait d'ici peu auprès de ses enfants du monde entier. En même temps, je sentis qu'il faudrait pour cela faire beaucoup d'efforts et de sacrifices. Je me souviens avoir été envahie par une joie immense.

Il n'y avait pas un moment à perdre. Le lendemain je proposai que l'on commence à envoyer une lettre d'information aux gens de la liste que j'avais faite. « Quoi ? Une lettre d'information ? Mais Amma n'est même pas encore allée aux États-Unis ? » fut la réponse générale. N'étant pas de cet avis, j'allai voir Amma pour lui parler de mon idée. Elle acquiesça avec enthousiasme et me demanda d'apporter un magnétophone et la liste des questions qui avaient été posées à l'étranger. Elle répondrait aux questions dans le premier numéro de la lettre. De plus, elle écrivit une lettre de sa propre main à envoyer à tous ceux qui s'étaient inscrits sur la liste. Je proposai d'appeler cette lettre d'information « Amrita-nandam » Béatitude Immortelle, d'après le nom même d'Amma.

ACHETER LES BILLETS D'AVION

Tout l'été, j'avais bénéficié d'un billet de rêve, parfait pour poser les premiers jalons de la tournée et j'avais l'intention d'obtenir le même billet pour Amma et le groupe. Mais il y avait un petit problème : nous n'avions pas d'argent pour acheter les billets. J'avais toujours cette idée en tête, mais les mois et les semaines passaient.

Même avant de rencontrer Amma, j'avais toujours vécu très simplement. Je n'avais pas de carte bancaire à mon nom et n'avais jamais eu de voiture, ce qui, pour une américaine, n'était pas courant. Je n'avais agi sur un coup de tête qu'une seule fois dans ma vie, le jour où j'étais partie en Inde pour rencontrer Amma. À présent que je vivais à l'ashram, la seule bouée de sauvetage que j'avais en cas d'urgence était une carte American Express que mes parents m'avaient donnée, à condition de ne l'utiliser qu'en cas d'absolue nécessité.

Tout ce dont nous avions besoin arriverait. Amma avait été claire là-dessus. Il en serait pour l'argent des billets d'avion comme pour le reste, j'en étais absolument persuadée. C'était juste une question de temps. Mais ce besoin-là était urgent – il nous fallait les billets d'avion pour demander les visas américains qui nous permettraient ensuite d'obtenir les visas français. Il nous les fallait pour peaufiner le calendrier. Après, le rêve d'amener Amma en Amérique pour voir ses enfants commencerait sérieusement à devenir un peu plus réalité.

« Mes enfants m'appellent, ils sont incapables de me trouver. »

Le souvenir des paroles d'Amma me stimulait. J'avais moi-même appelé pendant deux ans avant de rencontrer Amma et je savais ce que c'était. Plus que tout, je souhaitais qu'Amma et ses enfants puissent être réunis, comme cela s'était passé pour moi. Le désir d'Amma de voir ses enfants était devenu mon désir de voir Amma avec ses enfants. Je décidai qu'il fallait prendre des risques, il fallait avancer.

J'abordai le sujet avec Nealu. Je savais qu'il avait le même arrangement avec sa mère que moi avec mes parents – la carte en cas d'urgence ! Je lui fis une suggestion pragmatique : nous irions à l'agence de voyage de Cochin et paierions les billets à deux, cinq pour lui et cinq pour moi. Je lui assurai que l'argent arriverait, j'en étais absolument convaincue. Je jurai solennellement que si ce n'était pas le cas, je me ferai embaucher comme cuisinière à la fin de la tournée pour rembourser la dette. Il convint sans hésitation que c'était une bonne solution. Nous partîmes sur l'heure pour Cochin, sans en souffler mot à qui que ce soit.

Deux compagnies aériennes : Air Singapour et Delta. Les dix villes : Singapour, San Francisco, Albuquerque, Chicago, Washington DC, Boston, New York, Paris, Zurich et Vienne. Quand l'employé passa dix fois nos cartes de crédit dans la vieille machine démodée qui cliqua dix fois, je sus au fond de moi que la tournée aurait lieu.

LE CONSULAT DES ÉTATS-UNIS

Pendant presque trois mois, je ne pensai qu'à une chose : déposer les demandes pour tous les passeports, me procurer les visas américains et français et aller chercher les billets d'avion pour Amma et les neuf personnes qui l'accompagneraient. Pour les passeports ce fut chose aisée, mais pour les visas ce fut une autre histoire. À cette époque, même pour une courte visite, il fallait à Amma et aux moines des parrains américains. C'était déjà très difficile d'obtenir un seul visa, alors en obtenir sept ! De fait, bien qu'aucune des familles contactées pour le parrainage n'ait jamais rencontré Amma, toutes furent d'accord pour parrainer le groupe d'Amma.

Je me sentais très fébrile et sous pression tandis que j'attendais à la gare routière de Kayamkulam le bus dans lequel j'allais faire 17 heures de route pour me rendre au consulat des États-Unis à Madras. Je n'avais pas de rendez-vous, pas de plan particulier pour obtenir les visas, pas d'intermédiaire en vue pour plaider notre cause. Le peu de recherches que j'avais pu entreprendre indiquait seulement qu'il était impossible d'obtenir ce qu'il nous fallait sans un délai de plusieurs mois. Si on nous le refusait, il nous faudrait attendre un an avant de postuler de nouveau. Je savais que le facteur déterminant était, comme toujours, la force de la grâce d'Amma. L'un des innombrables miracles d'Amma était d'arranger ce genre de situations pour que tout se passe sans la moindre anicroche. Mais il fallait quand même y mettre du sien. Avec la liasse de billets d'avion, les passeports et sept lettres de parrainage bien en sécurité dans mon sac à dos, j'embarquai à bord du bus et passai le plus clair de mon temps à prier pour ne pas revenir les mains vides tout en grignotant des croquants aux cacahuètes. Si les visas n'étaient pas accordés, cela anéantissait tous les projets de la tournée, tout au moins en ce qui concernait le calendrier que j'avais soigneusement établi.

Dans le consulat, je me suis retrouvée au milieu de plusieurs dizaines de personnes qui attendaient dans le hall d'entrée, certaines faisaient les cent pas et toutes avaient à la main un grand ticket numéroté ; elles attendaient qu'on les appelle dans un espace vitré où étaient assis les employés. En parcourant la foule bruyante et nerveuse, je sentis de nouveau l'air s'immobiliser, comme sous le porche du Kalari avec Amma, quelques mois auparavant.

Je décidai de me passer de ticket et m'approchai directement de la vitre pour attirer l'attention de l'employé. Doucement, je me penchai pour lui expliquer ce dont j'avais besoin... sept visas pour un séjour de deux mois en Amérique cet été. Non, aucun des postulants n'était marié. Ni même fiancé. Aucun d'entre eux n'était à son compte. Mais oui, tout le monde était sûr d'être de retour en Inde en août. Oui, je savais bien qu'il leur fallait des parrains. Je brandis le paquet de parrainages en faisant oui de la tête.

Je souris fébrilement à l'employé tout en me récitant intérieurement les paroles d'Amma : « Ne demande rien et tout arrivera... Ne demande rien et tout arrivera... ». L'employé ouvrit la porte et me fit entrer dans un des bureaux pour l'entretien. Je m'entendis expliquer ce dont j'avais besoin et regardai dans un silence médusé, sa main tamponner encore et encore les visas dans tous les passeports. En fin de compte, il avait fallu moins d'une heure pour obtenir tous les visas ; je pleurai de gratitude, là, debout sur le trottoir. L'après-midi même, je pris le premier d'une série de bus qui devaient me ramener à la maison.

Il restait dans la foulée à me rendre à Pondichéry pour obtenir les visas français, et cela se passa également sans difficultés.

À VOS MARQUES, PRÊT, PARTEZ !

Il est difficile de se rappeler l'époque où il n'y avait ni ordinateur, ni téléphone portable, ni internet, mais on organisa le première tournée sans tout cela. La petite machine à écrire que l'on m'avait donnée me servait à contacter les gens, à taper la lettre d'information « Amritanandam » et à rester en contact avec le groupe de personnes, réparties dans tout le pays, qui avaient manifesté le désir d'aider après avoir vu la vidéo d'Amma au cours de l'été.

La mise en place de la tournée d'Europe avait été confiée à un dévot français, Jacques Albohair. Il relancerait là-bas les contacts que j'avais eus, plus ceux qu'il avait déjà, pendant que je m'occuperais de la tournée d'Amma en Amérique.

En janvier, je sus qu'il était temps de retourner en Amérique. Maintenant que nous avions les billets d'avion et que les visas étaient accordés, il fallait donner corps au projet. Où allaient séjourner Amma et le groupe ? Dans quelles villes Amma se rendrait-elle exactement ? Quelles salles conviendraient pour les bhajans du soir et le darshan ? Et toutes les affiches publicitaires que l'on devait coller partout ? Qui ferait tout cela ? Au plus fort de l'hiver, je décidai d'arpenter de nouveau le pays. Davantage de projections vidéo amèneraient davantage de contacts, de bénévoles, et davantage d'enfants d'Amma qui entendraient parler de sa prochaine venue. C'était le seul moyen que je voyais pour avancer. J'irais sans m'arrêter de San Francisco à Boston. Je demandai la bénédiction d'Amma et réservai mon billet pour les États-Unis, pour le 3 février.

OBTENIR MON VISA DE NON-OPPOSITION AU RETOUR

J'avais occulté un petit détail : mon propre visa. J'avais besoin d'un visa de non-opposition au retour (NOR), pour rentrer en Inde à la fin de la tournée. J'avais reçu la prolongation de mon visa l'année précédente, mais à présent il fallait que je sorte à nouveau du pays pour continuer à organiser la tournée d'Amma. Il avait été suffisamment difficile en août dernier de convaincre le bureau d'immigration de Kollam que je devais sortir du pays ; comment prendraient-ils cette seconde requête pour un visa NOR, moins de 6 mois plus tard ? Ils ne furent pas chauds, mais ils acceptèrent ma demande.

Le vrai problème surgit quand la police arriva à l'ashram, pour une enquête de routine suite à ma demande de NOR. Je fus convoquée dans le bureau de la maison familiale d'Amma. Deux inspecteurs de police voulaient voir mon passeport, mon permis de séjour et s'entretenir avec moi. Nous nous assîmes tous les trois dans le minuscule bureau, et je me sentis gagnée par un sentiment de claustrophobie.

Tout d'abord, la police voulait savoir pourquoi je devais à nouveau quitter l'Inde. J'avais un visa d'entrée, me dirent-ils et il n'était pas possible de rentrer et de sortir aussi souvent, deux fois en moins d'un an ! Quelle était mon explication ? Je leur expliquai que ma famille avait besoin de me voir et leur dis que j'avais d'autres affaires à régler. Ils ne furent absolument pas satisfaits de ma réponse. Ils me posèrent un ultimatum : soit je restais là et je gardais mon visa de long séjour, soit je sortais du pays et je perdais mon visa d'entrée, le visa que j'avais attendu si longtemps – celui qui me permettait de ne pas avoir à quitter Amma tous les 6 mois !

Pendant un instant, je passai les deux possibilités en revue à toute vitesse, mais je n'avais pas vraiment le choix. Si je choisissais de garder mon visa d'entrée, l'organisation déjà bien avancée de la tournée serait mise en suspens. C'était hors de question. Je ne pouvais pas m'y résoudre, je dis à la police que je devais aller aux États-Unis et que je sacrifiai donc mon visa de long séjour. Sans un mot, ils écrivirent au dos de mes papiers d'enregistrement : « permission de sortir : accordée, permission de rentrer : refusée » annulant ainsi mon visa.

Mon cœur cognait dans ma poitrine au moment de me lever pour prendre congé. C'en était fini de mon précieux visa, anéanti d'un coup de stylo. Il ne servait à rien d'y penser plus longtemps, il n'y avait plus rien à faire. Je n'avais pas envie de raconter cette mauvaise nouvelle aux autres, il serait toujours temps plus tard.

MANTRA DIKSHA

Le moment de partir aux USA pour la deuxième phase de l'organisation approchait rapidement. Amma m'avait fait savoir qu'elle me donnerait la *mantra diksha* (une initiation formelle à la pratique du mantra) dans le Kalari avant mon départ. Je m'étais préparée pour ce moment depuis que j'avais rejoint l'ashram en 1983. J'avais pu constater l'effet transformateur de l'initiation sur les quelques résidents qui avaient reçu la *diksha* en privé dans l'intimité du Kalari et j'espérais être digne de recevoir la grâce d'Amma. On dit que, pendant l'initiation, le guru transmet à l'étudiant une part de sa propre énergie vitale éveillée, afin d'accélérer le processus de son éveil.

Deux jours avant, on m'avait informée que je serai initiée le dimanche suivant. J'entamai un jeûne, mais je pris un repas léger le soir pour garder des forces. Le dimanche, en fin d'après-midi, avant le Dévi Bhava, je me douchai et m'habillai de neuf. Je m'assis en méditation à l'intérieur du Kalari. Alors que le Bhava Darshan se poursuivait dans la nuit, je ressentais de plus en plus d'excitation. Il y avait plus de monde que d'habitude et Amma ne termina qu'aux alentours de 3h30 du matin. Les portes du temple se fermèrent et je restai à l'intérieur avec Amma qui portait toujours son sari en soie de Dévi Bhava. Docteur Leela, maintenant Swamini Atmaprana, était là également pour assister Amma pendant mon initiation.

Amma commença par me faire asseoir sur le petit tabouret sur lequel elle venait de poser les pieds pendant le Dévi Bhava. Puis, elle alla jusqu'à l'autel qui se trouvait derrière le peetham. Les jambes pliées en position du lotus, mon dos touchant légèrement l'avant du peetham, je regardai vers l'est en direction des portes fermées du temple. La musique des bhajans continuait à l'extérieur, sous le porche d'entrée, les moines chantaient de beaux chants à Dévi, la Mère divine. Je cessai de prêter l'oreille à la musique et tournai mon regard vers l'intérieur. Je baissai les yeux et j'entendis Amma chanter quelques-uns des anciens et puissants hymnes à Dévi, que j'avais entendu, lors de cérémonies de consécration. Je me sentais complètement détendue et réceptive.

Puis Amma arriva, portant une guirlande de fleurs d'hibiscus rouges qu'elle me passa autour du cou. Elle me mit de la pâte de santal fraîche sur le front. Elle garda son index posé sur mon troisième œil pendant un long moment. Je me concentrai sur la syllabe « ma » et restai entièrement focalisée sur elle, dirigeant mes pensées vers l'image de la Mère divine. Amma continuait à chanter mais plus doucement, d'une voix plus grave. Mon mental s'abandonna sans effort. Il n'y avait pas de pensée, pas de temple, pas de temps – juste un sentiment de complète unité. Après un laps de temps dont j'ignore la durée, Amma me murmura un mantra à l'oreille droite, tandis qu'elle me bouchait du doigt l'oreille gauche, comme pour empêcher que ce qu'elle prononçait sorte de l'autre côté. Elle répéta le mantra trois fois et alla derrière moi jusqu'à l'autel. Puis Amma commença à danser. Le bruissement de son lourd sari de soie et le tintement de ses bracelets de cheville qui dansaient au rythme des bhajans étaient d'une beauté indicible. Mon visage ruisselait de larmes sans que je ressente d'émotion particulière. Le temps passa. Avec le mantra qui résonnait en moi, et l'énergie (la shakti) du mantra qui se répercutait dans toutes les cellules de mon corps, je restai dans cet état suspendu de conscience méditative.

L'initié pouvait rester à l'intérieur du temple aussi longtemps que nécessaire après le départ d'Amma. Les premiers rayons du soleil caressèrent mon visage, lorsque j'émergeai silencieusement pour regagner ma hutte.

PERMISSION POUR UNE PRÉ-TOURNÉE

Le lendemain, alors que je faisais mes bagages pour partir, une idée me traversa l'esprit. Pourquoi ne pas mettre en place sur pied une « pré-tournée » avec quelques moines envoyés en éclaireurs pour précéder Amma ? Nous pourrions nous rendre à chaque endroit qu'Amma devrait visiter, organiser une soirée satsang (discours spirituel) et chanter des bhajans. Puis, une fois la projection vidéo terminée, ils pourraient parler aux gens de leur expérience, bien plus grande que la mienne, auprès d'Amma. De plus, on pourrait vérifier si toutes les salles et maisons que j'avais programmées pour le mois suivant convenaient. Je savais qu'il serait certes plus compliqué d'élaborer une pré-tournée tout en continuant à organiser le séjour d'Amma, je décidai malgré tout d'en parler à Amma. L'idée ne plut à personne, sauf à Amma. Elle sourit très gentiment quand je lui exposai mon idée d'une pré-tournée et choisit les moines qui la précéderaient aux États-Unis.

La date de la pré-tournée fut fixée au 26 mars. Les moines atterriraient à San Francisco, emportant avec eux un harmonium et un jeu de tablas, et nous traverserions le pays en voiture. Swami Amritaswarupananda (alors Brahmachari Balu) commença à composer les beaux *Hari Kathas* (l'histoire du Seigneur mise en musique). L'un parlait de la vie d'Amma, l'autre de Mirabaï, la sainte du 14ème siècle. Il avait prévu de les interpréter durant les programmes de la pré-tournée. Une fois tout organisé, je partis.

ÉMERGENCE DU RÉSEAU DIVIN

Cet hiver là, j'eus très froid pendant mon voyage aux États-Unis, mais je réussis chaque jour à faire une projection vidéo et à manger au moins un repas correct.

Parfois, un contact de l'été précédent m'organisait une projection vidéo, d'autres fois j'entrais simplement dans une librairie et voyais si quelqu'un avait envie de regarder la vidéo sur Amma.

Je n'étais pas difficile ; il y avait des enfants d'Amma partout et elle éclairait mon chemin. J'étudiais soigneusement les pages jaunes des annuaires pour organiser des rencontres informelles avec les membres des églises de diverses confessions et des centres spirituels pour parler d'Amma. Beaucoup décidèrent d'organiser gratuitement une soirée dans leur église ou leur lieu de réunion : les Quakers, les Unitariens, le centre de méditation Vipassana, le centre zen de Cambridge, la Société Théosophique, les soufis de Boston, la Société de Yoga, le temple Ramalayam de Chicago, l'église de St John le Divin de New York, et même l'Université de Harvard, acceptèrent. La tournée prenait forme, je pouvais m'occuper de fignoler les détails.

Dans les villes où j'avais pris des contacts l'été précédent, nous nous réunissions tous pour chercher des lieux, préparer la campagne de publicité et commencer à dresser des listes. Nous parlions constamment d'Amma et de la pré-tournée. Tout le monde sentait monter l'excitation. Nous commencions à nous connaître, à force de travailler ensemble pour atteindre notre but commun : amener Amma parmi nous. La foi innocente avec laquelle ils effectuaient ce service désintéressé, eux qui n'avaient jamais rencontré Amma, se renforçait. C'était pour moi une belle source d'inspiration d'être témoin de tout cela et d'y participer. Leur boussole intérieure les guidait vers Amma. Ils étaient vraiment les enfants d'Amma et c'est avec une grande impatience que je me réjouissais d'assister à leurs premiers darshans.

Le programme se précisait et il fallait savoir où Amma irait exactement. Personne ne connaissait Amma. On l'avait seulement invitée à Bay Area. Mais cela ne me m'inquiétait pas. Je m'imaginais toujours Amma soufflant sur des graines de pissenlit portées par le vent qui atterrissaient là où habitaient ma famille et mes amis. Amma se rendrait en priorité dans ces villes, disséminées dans tout le pays. Mais, arrosées par la pure grâce d'Amma, ces graines germèrent ; telles des plantes grimpantes, elles lancèrent des vrilles et d'autres villes se présentèrent. Des gens qui avaient assisté à la première projection à San Francisco, invitèrent Amma à Mont Shasta, puis de fil en aiguille on l'invita à Miranda, puis à Seattle. Ensuite Carmel et Santa Cruz. Taos, le Nouveau Mexique regorgeaient de vieux amis et de chercheurs spirituels impatients de rencontrer Amma, puisque c'était là que j'habitais à l'époque où j'avais entendu parler d'elle. Puis ce fut la tournée de Santa Fé, Albuquerque, et Lama Mountain.

Phyllis Rosner, la mère de Nealu, habitait à Chicago. Le premier professeur de yoga de Nealu habitait à Madison. Mon père habitait Boston. Je voulais vraiment qu'Amma aille à New York et à Washington. Je sentais qu'Amma devait donner des programmes dans ces villes car on y prenait beaucoup de décisions importantes et lourdes de conséquences. L'énergie divine d'Amma y serait sans aucun doute bénéfique. Cependant, nous ne connaissions personne dans ces villes. Il nous fallait donc partir de zéro.

De cette façon, je zigzaguai à travers les États-Unis. Amma reliait constamment les gens et les villes, je n'avais qu'à observer et à suivre le fil. Des familles commencèrent à proposer d'héberger Amma chez elles. Apprenant qu'Amma ne serait pas seule et qu'il faudrait nous héberger tous les dix, toutes sans exception confirmèrent qu'elles étaient prêtes à nous accueillir. Les portes s'ouvraient partout. De cette façon, ce pays qui semblait énorme et impersonnel seulement deux mois auparavant, se transforma en un réseau interconnecté de potentiel divin – une trame apparaissait.

AVEC SEULEMENT CINQ DOLLARS EN POCHE

Je n'avais bien souvent que cinq dollars en poche, mais d'une manière ou d'une autre Amma veillait toujours à ce que je m'en sorte. C'était un vieil ami de la fac qui me conduisait à Taos, à plus de mille kilomètres de là, ou une personne rencontrée à une projection vidéo qui m'offrait le billet de bus Greyhound pour me rendre à l'étape suivante. Les kilomètres défilèrent par centaines puis par milliers pendant ces 6 semaines ; il y avait moi, mon sac à dos et mon intense désir de conduire Amma auprès de ses enfants.

J'arrivai à New York le 20 mars. Oh là là ! Dans une semaine, les moines arriveraient à San Francisco pour commencer notre pré-tournée. Ma famille de Boston m'avait généreusement offert le billet d'avion de retour pour que je puisse les accueillir à temps le 26 à San Francisco. Dans l'ensemble, je sentais que tout avançait bien. Cependant, je dois avouer qu'un souci me taraudait : j'avais espéré à ce stade avoir plus de sécurité financière. Jusqu'à présent, je n'avais eu que de quoi me rendre d'une ville à l'autre, rien de plus. Pourtant, je devais continuer, le projet était trop avancé pour que je laisse cette obsession me mettre des bâtons dans les roues.

Pour l'instant le plus urgent, c'était d'aller à Boston et je ne savais pas comment faire. À New York, je séjournais chez Ann Wyma, une amie d'enfance de ma mère, qui enseignait le théâtre à l'université. Elle avait gentiment organisé une projection vidéo ce soir là, sur le campus. J'étais quasiment sûre qu'il y aurait pas mal de monde et que quelqu'un que je ne connaissais pas encore m'emmènerait à Boston. Cela n'aurait pas été la première fois.

Imaginez-vous ma déception quand j'arrivai à la salle de projection et que je découvris qu'il n'y avait qu'un spectateur. Qui plus est, cet homme ne s'était déplacé que parce qu'il croyait qu'il s'agissait d'une vidéo sur les arts martiaux du Kérala. Il était tellement désolé pour moi qu'il me regarda allumer la lampe et m'écouta parler d'Amma et de la tournée à venir. Pas besoin de dire qu'il n'allait pas m'emmener à Boston.

Les choses allèrent de mal en pis. Quand je sortis de la salle, il avait commencé à neiger fortement. Je devais longer vingt blocs à pied puisque je n'avais même pas de quoi acheter un ticket de bus. Je boutonnai ma veste jusqu'en haut, le vent me pinçait le visage et je me mis péniblement en route. Sans pitié, la neige redoubla, virant au blizzard. Finalement et tout d'un coup, c'en fut trop pour moi. Je m'arrêtai au beau milieu du trottoir et scrutai le ciel ; un sentiment de total désespoir me submergea. Le vent sifflait, je n'entendais que les paroles prononcées par Amma tant de mois auparavant : « Ne demande rien et tout ce dont tu as besoin viendra à toi, ma fille chérie. »

Des larmes brûlantes ruisselaient sur mes joues, et je sentis mes genoux fléchir, je m'agenouillai dans la neige, en pleine nuit là, sur un trottoir de New York. Les gens me bousculaient pour passer, pressés d'échapper à cette tempête de neige. Là, je me mis à prier. Je mis mon être tout entier dans cette prière. J'appelai Amma au secours, suppliant qu'elle m'entende et me tende la main, pour qu'elle me rejoigne dans cette situation affligeante et désespérée et pour qu'elle me fasse savoir que je La rejoignais. Je n'avais jamais été aussi désespérée. Pourquoi mes mains étaient-elles vides, Amma ? Pourquoi étais-je à plus de 4 000 km de l'endroit où je devais être ? Comment pouvais-je espérer y arriver ? Comment pourrais-je accueillir les moines la semaine suivante si je ne pouvais même pas me rendre à Boston le lendemain ? Est-ce que j'avais des lacunes ? Y avait-il encore d'autres sacrifices à faire ?

Comment ai-je parcouru les vingt blocs à pied ? Je n'en ai aucun souvenir, je me souviens seulement qu'il faisait vraiment, vraiment froid. Le lendemain je me réveillai dans un appartement vide. Plutôt triste, j'entrai dans la cuisine, il y avait un mot sur le plan de travail :

Chère Gretchen,
Je ne sais pas ce que tu comptes faire,
mais je voulais t'aider.
Ann

Et elle m'avait laissé trois billets de vingt dollars. Je savais que le ticket de bus pour Boston coûtait 58 dollars. Ma gorge se serra, une fois de plus Amma était intervenue.

Et ce n'était pas fini. Quand j'arrivai chez mon père à Boston, il me dit que deux familles différentes avaient essayé de me joindre. Elles avaient appelé le matin même pour savoir où j'étais ; mon père me tendit leurs numéros de téléphone. Je les appelai. Toutes deux dirent la même chose, elles n'arrêtaient pas de penser à Amma depuis qu'elles l'avaient vue en vidéo, quelques semaines auparavant. La nuit précédente, elles avaient eu l'envie irrépressible d'essayer de me contacter. Elles voulaient contribuer financièrement à la tournée – avec la pré-tournée sur le point de commencer et l'arrivée d'Amma huit semaines plus tard, j'avais sûrement besoin de quelque chose. À elles deux, elles donnèrent exactement 5 000 dollars !

Le soleil n'avait pas même eu le temps de se coucher une seule fois entre le moment où j'avais offert ma prière à Amma et celui de sa réponse. Elle m'avait tendu non pas une main, mais les deux. Ainsi est notre Amma : pure grâce.

CHAPITRE 6

Préparer le chemin

avril 1987
Oakland Californie

Comme l'invitation était partie de chez les Rosner, la famille du frère de Swami Paramatmananda, ce fut là que j'allai chercher les moines pour la pré-tournée. La maison des Rosner, située dans une banlieue d'Oakland était devenue notre camp de base ; leur générosité fut comme un phare constant et bienvenu tout le temps de l'organisation de la première tournée internationale d'Amma.

J'arrivais tout juste de Boston et je m'agitais éperdument. Je passais en revue les listes avec Judie Rosner : les listes de nourriture et d'épices dont nous avions besoin, une autre liste de vêtements chauds, avec toutes les tailles. Une check-list récapitulative pour tout vérifier dans chacune des quinze villes où Amma se rendrait, depuis la prise en charge à l'aéroport jusqu'aux produits pour nettoyer la yourte. Et puis une autre liste pour les étapes de la pré-tournée – depuis le matériel de cuisine jusqu'aux ustensiles en cuivre pour la puja, indispensables pour accueillir Amma. Une liste-type des contacts actuels, des nouvelles pistes, des suggestions, et des demandes. La liste des billets d'avion et des horaires de vol. J'allais bientôt avoir besoin d'une liste de listes rien que pour y voir clair.

Assis à la table de la cuisine, Earl Rosner me dit : « Doucement, Kusuma, assieds-toi sur le canapé pour te détendre. Amma arrive, tout va bien se passer. Ne gâche pas la douceur d'Amma en la traînant partout comme ça, dans tant de villes. » Je réagis au

quart de tour. Je pense que j'étais fatiguée. « La douceur d'Amma est établie ; elle ne changera jamais. Nous, nous avons déjà Amma dans notre vie. Elle vient voir ses nouveaux enfants. Ce n'est pas pour nous qu'elle fait tout ce chemin. La douceur d'Amma, c'est d'étreindre ses enfants, et nous ne pouvons attendre que de plus en plus de douceur. C'est l'une des plus grandes joies d'Amma d'allumer la lampe de l'amour dans le cœur des gens. S'il te plaît ne me dis plus jamais ça. » Je fus immédiatement consternée par la réponse sèche qui était sortie de ma bouche, mais Earl rit comme un grand frère, et me dit qu'il admirait ma détermination et concéda que c'était peut-être lui qui devrait s'asseoir dans le canapé !

Bien que j'eusse déjà parcouru plus de 16 000 kilomètres lors de mes deux premiers voyages de préparation, je me sentais fraîche comme une rose dans la voiture en allant à l'aéroport en ce 26 mars au matin. Un cercle de chercheurs spirituels étroitement liés de Bay Area avait assidûment travaillé pour lancer la « Pré-tournée », comme nous l'appelions. Ils avaient réalisé des brochures, organisé de nouvelles projections vidéo, contacté des amis et de la famille sur notre itinéraire, donné leurs véhicules, acheté des chaussettes chaudes et de la literie, préparé de délicieux repas végétariens, nettoyé la maison et m'avaient supportée moi et mes listes, pendant des heures !

La pré-tournée démarrerait le 1er avril dans une Dodge, vielle mais robuste, qui nous avait été prêté par Jack Dawson, un vieil ami des Rosner. Je devais conduire les moines à travers les États-Unis, puis les ramener. Ils donneraient des satsangs et chanteraient des bhajans dans chaque ville où Amma se rendrait en mai, juin et juillet. J'espérais d'une part augmenter le nombre de gens au courant de la prochaine tournée d'Amma et d'autre part, vérifier si tous les lieux prévus convenaient pour les programmes. Je souhaitais écarter toutes les mauvaises surprises maintenant, et non pendant la tournée d'Amma. La pré-tournée était, si l'on peut dire, un galop d'essai qui devait durer six semaines.

Larry Kelley, de San Fransisco, avait assisté à la première projection-vidéo. C'est lui qui me relaya au volant pour parcourir 1600 kilomètres en direction du nord jusqu'à Seattle, notre première étape. Puis nous allâmes à Mont Shasta où Swami Amritaswarupananda jeta sa première boule de neige. Les moines dormirent dans une yourte pour la première fois de leur vie. Puis nous allâmes à Miranda, où ils virent pour la première fois de majestueux séquoias. Scott Stevens, un vieil ami de New Mexico devait remplacer Larry au poste de copilote pour toute la partie est. Au bout de 3200 kilomètres, nous le prîmes à mi-chemin à Carson, au Nouveau Mexique.

Je cuisinais du kitcheri (mélange de riz-lentilles) sur un petit réchaud de camping. Du chocolat et du thé chauds préparés sur le même réchaud nous apportaient un peu de réconfort. Chez les gens qui nous hébergeaient, les moines entrèrent pour la première fois en contact avec une culture totalement différente de la leur. Dans les repas à la bonne franquette, ils firent leurs premières découvertes culinaires. Swami Amritaswarupananda eut droit à sa première et déplaisante assiette « d'herbe », autrement dit, de salade. Les moines subirent les enthousiastes « étreintes de nounours » à l'américaine, que j'appris à détourner avec tact. « Nous sommes des moines, Kusuma. Peux-tu, s'il te plaît, les intercepter au passage ? » On avait donné à chacun d'entre eux un sac de couchage Coleman tout neuf, qui devint pour ainsi dire, leur meilleur ami pendant la traversée des Rocheuses ; il faisait froid en ce début de printemps. Les paysages défilaient, on se serait cru dans un autre monde ! Je n'imaginais pas à quel point Amma leur manquait.

Dans l'« Amritanandam », de mars 1987, Swami Paramatmananda écrivit :

Chers frères et sœurs,

... Nous sommes arrivés le 26 mars chez mon frère Earl Rosner, la personne qui a invité la Sainte Mère en Amérique. Depuis, avec Kusuma et Larry Kelly nous avons été en Californie, dans les états de l'Oregon et de Washington, pour voir les lieux où se rendrait Amma pour organiser les programmes mais aussi pour chanter des bhajans et rencontrer les dévots. Nous avons été très bien accueillis. Partout les dévots sont impatients de recevoir le darshan d'Amma le mois prochain. La main de la Mère divine nous guide à chaque pas et nous sommes étonnés d'entendre les dévots raconter les expériences qu'ils ont vécues par la grâce d'Amma. Bien que sa forme physique se trouve en Inde à près de 20 000 kilomètres d'ici, son Être omniprésent ne semble limité ni par le temps ni par l'espace, puisqu'elle bénit ses enfants partout dans le monde !

Kusuma parcourt les États-Unis sur des milliers de kilomètres. Elle organise tous les programmes d'Amma et les nôtres, elle nous prépare à manger, elle est pour nous comme une petite maman qui veille à tout. À cause de tout ce qu'elle a à faire, elle n'a pas eu le temps ce mois-ci d'écrire un article dans la lettre d'information, c'est pour cela qu'en ce moment, entre deux étapes, Nealu est devant la machine à écrire.

En Amma,
Br Nealu (Swami Paramatmananda)

La présence des moines était remarquable et en disait long sur la grandeur d'Amma. Les Hari Kathas composés et interprétés par Swami Amritaswarupananda inspiraient de ville en ville une atmosphère de sublime dévotion. Swami Paramatmananda, originaire des États-Unis, donnait des conférences inspirantes

avant chaque présentation de la vidéo « Une journée avec Amma ».
Nous chantions de tout notre cœur pour Amma, sans micro, et
sa présence divine se faisait puissamment sentir. Les programmes
opéraient d'incroyables transformations.

Le bhajan « Prabhu Misham » de la pré-tournée 1987 toucha
vraiment les gens ; il y eut aussi : « Gajanana », « Kaya Pia »,
« Gopala Krishna », « Karunalaye Dévi », « Narayana Hari »
et « Gangadhara Hara ». Les séances de questions/réponses qui
suivaient les projections étaient animées et éclairaient beaucoup
les gens. Il y avait 25 à 30 participants à chaque étape de la
pré-tournée, alors que le mois précédent il n'y en avait pas eu plus
d'une douzaine. En chemin nous distribuions toujours plus de
brochures et d'affiches annonçant la tournée d'Amma.

Au bout de 2 400 kilomètres, nous avons atteint Madison.
C'est sur la pelouse verte de la ferme des Lawrence que la fidèle
Dodge que nous avions emprunté rendit l'âme. Ce fut un instant
solennel et les moines firent une puja de clôture pour célébrer son
héroïsme désintéressé. Elle nous avait transportés et abrités tout
au long des 6500 kilomètres, sans jamais nous laisser en rade sur
une autoroute déserte. Jack prit bien la chose. Mais il fallait que
je trouve une solution rapidement car nous n'étions qu'à la moitié
de la pré-tournée et le temps passait : le bus pour aller à Chicago, un vol bon marché pour New-York, et de là le train le long
de la côte Est pour passer à Washington et à Boston. Il faudrait
prendre l'avion pour rentrer à San Francisco, on ne pouvait pas
faire autrement. Le cœur et la tête me tournaient à force de me
concentrer sur l'objectif, rester ancrée et tenir le rythme. Quand
nous atteignîmes Boston, il restait moins de 10 jours avant l'arrivée
d'Amma sur la côte Ouest.

Maintenant, quand nous repensons a la pré-tournée, Swami
Amritaswarupananda, Swami Paramatmananda et moi, avons
du mal à nous souvenir de moments difficiles. Les trajets en

voiture étaient pourtant épuisants. En route, nous avons ri et pleuré d'innombrables fois, nous avons partagé des moments où nous sentions profondément la présence et la grâce pure d'Amma. Nous nous sentions tellement petits que nous en avions les larmes aux yeux. Ce fut pour chacun de nous, une phase de maturation spirituelle. Nous avions entrepris de présenter Amma au monde, c'était un tournant énorme, et nous souhaitions prendre le virage le mieux possible. Nos efforts en étaient une offrande, et sa grâce nous inondait de tous les côtés. Bien plus tard, j'ai appris qu'il est très inhabituel pour des disciples de précéder leur maître de cette façon, mais comme je n'en savais rien, avec la bénédiction d'Amma, nous avons fait le nécessaire pour annoncer la première tournée du monde d'Amma.

Je me souviens du noyau de personnes qui, en majeure partie, avaient assisté à la première projection vidéo de « Une journée avec Amma » à San Francisco et sans qui je n'aurais pas pu écrire ce chapitre : George Brunswig, Tina 'Hari Sudha' Jencks, feue Nancy Crawford (Brahmacharini Nirmalamrita), feu Larry Kelley, Susan Rajita Cappadocia, Robin Ramani Cohelan, James Mermer, Cherie McCoy, Jack Dawson, Timothy Conway, Michael Hock, Scott Stevens, Candice Sarojana Strand, Katherine Ulrich et bien sûr, Earl et Judie Rosner.

Ceux qui, investis depuis le début, ont fait de véritables sacrifices pour qu'Amma puisse venir en Occident, eurent de surcroît l'honneur de constituer le comité d'accueil des moines qui menaient la pré-tournée.

Ont hébergé Amma et accueilli la pré-tournée : les Rosner d'Oakland, la famille de feue Marion Rosen – Tina & Theo Jencks de Berkeley, Ron Gottsegen et Sandhya Kolar de Carmel, la famille Lyer de Palo Alto, Liesbeth et Ivo Obregon de Santa Cruz, feue Elizabeth Wagner de Weed, Susan Rajita Cappadocia de Mont Shasta, Ken et Judy Goldman de Miranda, la famille de

Terri Hoffman de Seattle; feue Feeny Lipscomb et Bruce Ross de Taos, Isabella Raiser et Bob Draper de Taos, la famille Schmidt de Santa Fe, la famille Pillai d'Albuquerque, Balachandran et Lakshmi Nair de Chicago; feue Phyllis Rosner de Chicago ; Barbara, David et Rasya Lawrence de Madison, Mary La Mar et Michael Price eux-aussi de Madison, Phyllis Sujata Castle de New York, Gena Glicklich de Boston, feue Mirabhai de Washington DC, Kit Simms du Maryland, la famille Devan du Connecticut, la famille McGregor de Pittsburgh et les amis de Plain Pond Farm.

J'avais fait tout ce qui était en mon pouvoir, et comme toujours, Amma arrangea tout à merveille. De plus en plus de gens venaient pour entendre parler d'Amma. D'autres étaient en contact avec le réseau de personnes que j'avais rencontrées au cours de l'été et lentement mais sûrement un cercle beaucoup plus vaste mit la main à la pâte pour accueillir la tournée d'Amma. L'idée de la pré-tournée avait suscité toute l'excitation escomptée. En mai 1987, au moment de la publication de « Souvenir de la Première Tournée », après une année d'efforts, quarante programmes représentant la diversité spirituelle américaine avaient pu être mis sur pied :

TOURNÉE 1987 DE LA SAINTE MÈRE AUX ÉTATS-UNIS

18 mai	Arrivée d'Amma à l'aéroport de San Fransisco
19 mai	Société de Yoga de San Francisco
20 mai	Badarikashram, San Leandro, CA
21 mai	Harwood Vipassana Meditation House, Oakland
22 mai	Christ Episcopal Church, Sausalito, CA
23 mai	First Unitarian Church, San Francisco
24 mai	Cultural Integration Fellowship, San Francisco

25 mai	Dévi Bhava Darshan, chez les Rosner, Oakland
26 mai	Unity Church, Santa Cruz, CA
27 mai	Le club des femmes de Carmel, CA
29 mai	Quaker Friends Meeting House, Seattle, WA
30 mai	Unity Church, Bellevue, WA
31 mai	Dévi Bhava Darshan, chez Terri Hoffman, Seattle
2 juin	Fondation Melia, Berkeley, CA
3 juin	Whispering Pines Lodge, Miranda, CA
4-6 juin	Retraite à la Communauté Morningstar, Mt. Shasta, CA
7 juin	Dévi Bhava Darshan, dans la Yourte à Morningstar, Mt. Shasta
9-10 juin	Grand Hall du St. John's College, Santa Fe
12 juin	The Center for Performing Arts, Taos, New Mexico
13 juin	Harwood Auditorium, Taos
14 juin	Bénédiction de la première pierre du temple à Longo-Whitelock Residence, Taos
15 juin	Chez les Pillai, Albuquerque
16 juin	Centre de méditation de Lama Mountain, Lama Mountain, New Mexico
17 juin	Dévi Bhava Darshan, chez les Lipscomb-Ross, Taos
19 juin	The White Church à Quesnel, Taos
20 juin	Temple d'Hanuman, Taos
21 juin	Célébration du solstice en l'honneur de la Mère divine, chez Jameson Wells à Pot Creek, NM

22 juin	Chez les Stevens, Carson, NM
23 juin	Dévi Bhava Darshan, chez les Schmidt, Santa Fe
25 juin	Gates of Heaven, Madison, Wisconsin
26 juin	Quaker Friends Meeting House, Madison
27 juin	Église Unitarienne, Madison
28 juin	Dévi Bhava Darshan, chez les Lawrence, Madison
29 juin	Temple hindou Ramalayam, Lemont, Illinois
1 juillet	Divine Life Church, Baltimore, Maryland
2 juillet	Église unitarienne, Washington DC
4 juillet	Plain Pond Farm, Providence, Rhode Island
5 juillet	Centre Zen de Cambridge, Cambridge, Massachusetts
6 juillet	Ordre des soufis de Boston, Boston
7 juillet	Société théosophique, Boston
8 juillet	Université de Harvard, Cambridge
9 juillet	Old Cambridge Baptist Church, Cambridge
10 juillet	Institut Himalayen, New York City
11 juillet	The Geeta Temple Ashram, Elmhurst, NY
12 juillet	St. John the Divine Cathedral, New York City
13-14 juillet	Retraite chez les Devan dans le Connecticut
15 juillet	Départ d'Amma pour la tournée d'Europe

Après avoir bouclé la pré-tournée sur la côte Est, nous sommes rentrés tout juste 10 jours avant l'arrivée d'Amma. Nous avions préparé le terrain et il était temps que le monde rencontre enfin Amma.

CHAPITRE 7

Sur la scène mondiale

San Francisco
18 mai 1987

Le soleil se leva inaugurant le grand jour de l'arrivée d'Amma. C'était une journée magnifique et parfaite. Tous les préparatifs pour Amma et le groupe avaient été réalisés avec beaucoup de dévotion et d'impatience.

De la chaise de darshan d'Amma aux légumes frais, des chaussettes aux couchages neufs, tout avait été fourni avec la contribution de chacun. Nous avions loué un fourgon blanc à douze places pour traverser Bay Bridge et aller chercher Amma et le groupe. Beaucoup des personnes qui avaient aidé aux préparatifs se joignirent à nous pour accueillir Amma à l'aéroport international de San Francisco.

Il n'y a pas de mots pour décrire ce que j'ai ressenti dans mon cœur ce matin-là. Tous les efforts que j'avais fournis au cours de l'année, tous ces kilomètres, toutes les épreuves et tribulations, et la grâce d'Amma qui avait rendu ce moment possible, tout cela résonnait en moi. Je scrutai les visages des enfants d'Amma qui étaient prêts à la rencontrer pour la première fois. Ils avaient travaillé si dur. Dans ce moment d'attente, leurs visages étaient si beaux, pleins de douceur. Gabriel, le fils des Rosner, avait sauté dans mes bras pour mieux voir Amma « glisser » vers nous, aussi gracieuse qu'un cygne, dans le hall d'arrivée de l'aéroport international de San Francisco. Le visage d'Amma était tel que je ne l'avais jamais vu. Elle était toujours éclatante et présente mais à ce moment là, elle était comme incandescente. Chaque particule

de son être semblait embrasée et l'énergie se déversait comme une vague énorme se brisant sur le rivage.

AMMA À LA MAISON !

On lui offrit une guirlande et quelqu'un eut l'idée d'apporter un sachet de chocolats – des « Hershey kisses » – qu'Amma commença à distribuer. Elle donna à chaque personne une étreinte et un chocolat (kisses : baisers *ndt*). Nous nous sommes installés près d'Amma un instant, le temps que les bagages soient rassemblés et que les véhicules arrivent le long du trottoir. Amma était tout simplement rayonnante, tout le monde se taisait, se réchauffant à sa lumière, comme si cet instant ne devait jamais s'arrêter. Amma était très naturelle, elle bavardait avec tous, leur demandait leur nom, racontait une anecdote de ce long voyage et les faisait rire. Tous étaient joyeux d'entendre la voix d'Amma pour la première fois.

Finalement, Amma et le groupe entrèrent dans le van blanc, tous les bagages avaient été réunis et la caravane se dirigea vers l'Est pour traverser la baie. En m'écartant du trottoir, je me souviens avoir regardé dans le rétroviseur. Amma s'était calée dans son siège, pour regarder tranquillement par la fenêtre l'Amérique qu'elle voyait pour la première fois.

Dès le lendemain matin chez les Rosner, Amma donna le darshan à un petit groupe de dévots impatients, incapables d'attendre le soir pour assister au premier programme. Je me souviens tout particulièrement de feu Steve Fleischer et de son épouse Marilyn Eto, de Dennis et Bhakti Guest qui ont été guidés en quelque sorte jusqu'à la maison pour rencontrer Amma ce premier matin. Aussi Tina, Nancy, George, Tim, Robin, James, Jack et Cherie, qui m'avaient tous tellement aidée au cours de l'année passée, étaient là également.

Amma commença par une longue méditation, suivie du darshan. Elle chantait des bhajans namavali (chants dévotionnels qui répètent le nom du Seigneur) en étreignant chaque personne. Le programme se termina quelques heures plus tard et tout le monde se dispersa pour aller coller les dernières affiches en ville, et se préparer pour la première nuit du programme à la Société de Yoga de San Francisco.

PREMIÈRE SOIRÉE DU PROGRAMME D'AMMA

San Francisco
19 mai 1987

Cela peut sembler bizarre, mais cette première nuit j'étais terriblement nerveuse en conduisant Amma et le groupe vers San Francisco. Je me souviens que mes mains s'agrippaient au volant alors que nous traversions le pont vers l'Ouest, mes articulations étaient blanches tellement je serrais fort. « Respire profondément » me disais-je. « Récite ton mantra, continue à le réciter ». Pourquoi étais-je si nerveuse ? Quand je pensais à tous les efforts qui avaient été faits, des doutes surgissaient en moi : « Y aura-t-il du monde ? Est-ce qu'Amma sera bien reçue ? La Société de Yoga sera-t-elle déçue d'avoir accueilli le programme d'Amma si la salle n'est pas pleine ? De telles pensées se bousculaient dans ma tête tandis que je tournais au coin de la rue pour m'arrêter devant l'entrée.

Quel spectacle s'offrit alors à mes yeux ! Tout le long du pâté de maisons, des gens faisaient la queue pour entrer ! Une vague de soulagement me submergea et je me détendis immédiatement. Je bondis hors du fourgon pour aider Amma, resplendissante, à descendre de la voiture au milieu d'une foule impatiente. Quelqu'un lui passa une guirlande autour du cou et l'on nous conduisit dans la salle.

La petite estrade qui servait de scène était à peine assez grande pour nous tous. Cette nuit là, Amma chanta sans sonorisation,

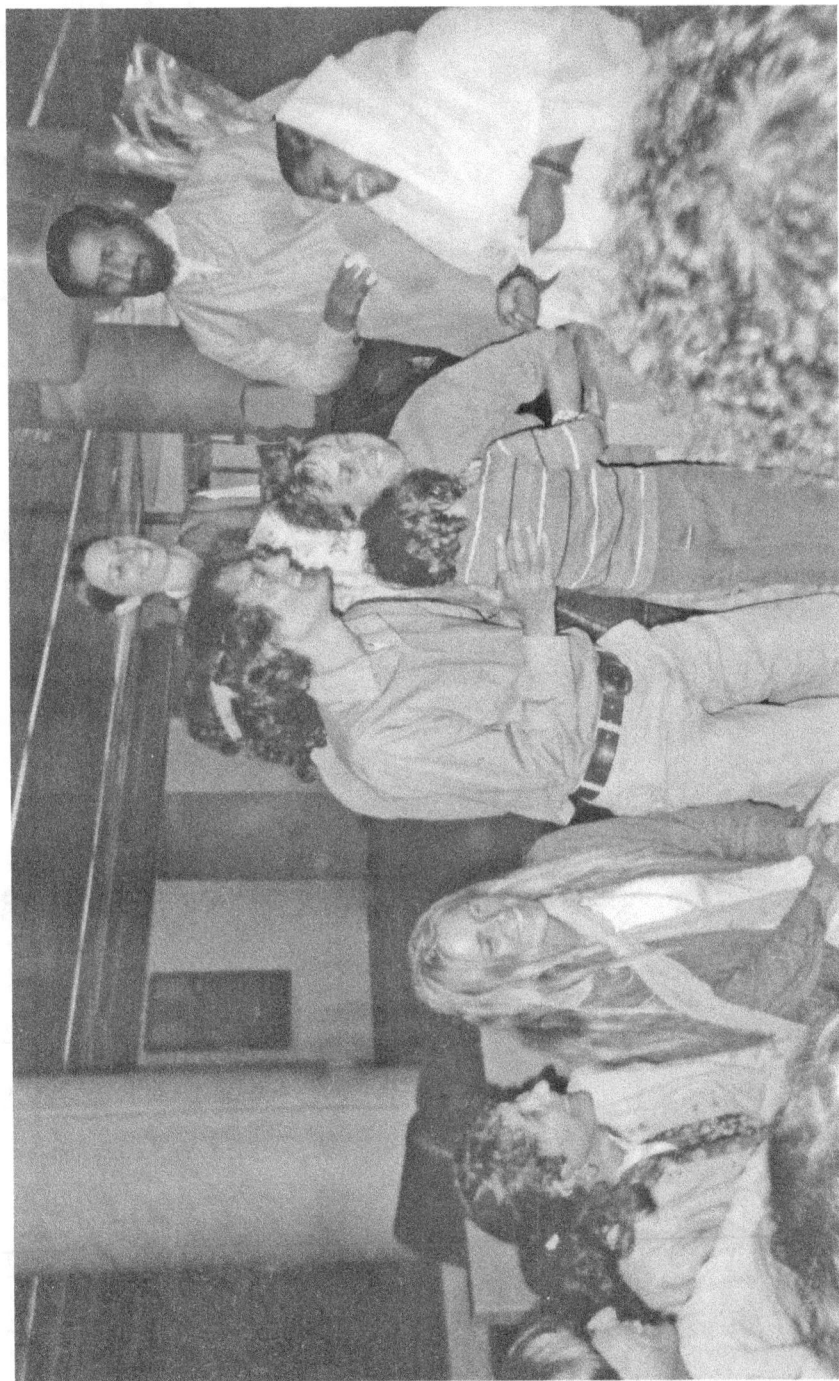

Darshan à l'aéroport de San Francisco

pour la première et la dernière fois aux États-Unis. Elle déchira le ciel avec ses chants et le paradis nous tomba dessus. « Gajanana He Gajanana », « Gopala Krishna », « Shristiyum Niye », « Karunalaye Dévi », « Prabhu Misam »et « Durge Durge » – aujourd'hui encore j'entends Amma les chanter, comme si c'était hier. Je regardais sans cesse le public pour voir les réactions. Il est difficile de trouver des mots pour décrire cette scène – le groupe noyau, massé juste devant, à un mètre d'Amma, se balançait pendant qu'elle chantait. Tous les yeux étaient rivés sur Amma. Le public était totalement silencieux, comme hypnotisé. Beaucoup d'entre eux chantaient des chants dévotionnels depuis plus de dix ans avec d'autres groupes de satsang, mais certaines de leurs expressions trahissaient le fait qu'ils n'avaient jamais rien entendu ou éprouvé de pareil dans leur vie. Plusieurs personnes dans l'assistance avaient évidemment les joues baignées de larmes, mais l'expression prédominante était une admiration mêlée de respect.

J'avais travaillé pendant un an avec quelques-unes d'entre elles et j'avais attendu avec impatience d'assister à leur première étreinte, à leur premier darshan, mais pour certains, c'était comme si le darshan avait déjà commencé. Amma chanta une longue série de bhajans, et personne ne bougea. À la fin, quand les prières de clôture furent terminées, il y eut un profond silence. Nous étions tous assis et attendions, immobiles, pour ne pas gâcher cet instant. Ensuite, Amma donna le darshan jusque tard dans la nuit. Cette nuit-là à San Francisco, nombre de personnes, transformées à jamais par la douce étreinte d'Amma, reçurent leur premier chocolat « kiss », mais non le dernier.

Sur le chemin du retour à Oakland, les moines abordèrent le sujet de la sonorisation. Il ne serait pas possible, surtout avec ce froid, de chanter les bhajans sans sono. Amma demanda la taille des autres salles et en lui répondant, je me rendis compte également qu'il nous faudrait voyager avec une sono.

TEST, TEST, UN-DEUX, UN-DEUX...

Le lendemain matin, pendant que les dévots s'étaient rassemblés chez les Rosner pour la méditation du matin et le darshan, je me rendis donc dans le centre ville d'Oakland à la recherche d'un magasin de musique. En entrant dans le magasin en punjabi blanc, je me sentis vraiment décalée. C'était un magasin d'instruments de musique plutôt rock-and-roll où chaque mètre carré était couvert de matériel. Des guitares électriques, des ukulélés, des saxophones et d'énormes enceintes pendaient du plafond. Il y avait dans ce magasin tout ce qu'on pouvait imaginer. Des posters de rock stars et de musiciens de jazz, pour la plupart dédicacés, recouvraient les murs. Les vitrines d'exposition étaient remplies de tous les micros possibles et imaginables, des câbles, des housses de transport, des pieds de micros, des lumières noires, des fumigènes, des tables de mixage, des amplificateurs petits ou grands, on pouvait tout trouver. Ne me sentant pas vraiment dans mon élément et regrettant de ne pas être venue accompagnée, je m'approchai du comptoir pour demander de l'aide.

Ils m'avaient déjà repérée. Un vendeur attendait debout. Je souris timidement et dis : « Bonjour ». J'avais la bouche sèche, mais il fallait que je me lance : « J'ai besoin d'un système de sonorisation ».

« Quel genre de musique ?

Chants dévotionnels de l'Inde, harmonium, tablas, des voix puissantes, à même le sol, en tournée. »

Le vendeur semblait satisfait de ma réponse, rien de très original pour lui. « Quel est votre budget ?

Pas très élevé.

C'est pour du direct ou pour un enregistrement en studio ? Qui est votre ingénieur du son ?

C'est quoi un ingénieur du son ? »

À ces mots il fronça légèrement les sourcils.

« Combien de musiciens ? Avez-vous l'intention de faire un enregistrement ? » « Oui absolument. »

Le vendeur disparut dans l'arrière-boutique. Il revint très vite, dégagea un espace sur le comptoir et en moins de 20 minutes il assembla une sono de base. Il me recommanda une table de mixage Peavey simple avec amplificateur intégré : une très bonne qualité sonore pour un prix intéressant, c'était fiable, facile à utiliser, facile à transporter et il y avait dix entrées de micros. Vendu. Deux enceintes sur pieds, un jeu de micros pour voix avec pieds, des câbles et des valises de transport très résistantes sur mesure. Je les choisis de couleur orange, elles seraient prêtes dans une semaine. Et ça rentrait toujours dans le budget. Ce vendeur était compétent. Le dernier article était le micro pour Amma. À cet effet, j'avais mis un peu d'argent supplémentaire de côté. « Notre chanteuse a une voix puissante. Et elle se balance quand elle chante » m'entendis-je dire.

Il réfléchit un moment puis choisit dans la vitrine un micro qu'il me tendit. « C'est le modèle qu'a utilisé Aretha Franklin pendant des années. » me dit-il. « Elle l'avait choisi parmi des modèles plus chers parce qu'elle en aimait le son, il convenait à sa voix. »

Il m'a eue avec le mot « Aretha » ; je l'achetai.

Il me demanda de nouveau qui serait l'ingénieur du son. Quand je lui dis que ce serait moi, il opina. « D'accord, alors il va falloir que vous sachiez vous en servir. » J'eus donc droit à un cours accéléré sur l'installation de la sono, le contrôle des niveaux et le réglage de la balance, du mixage, plus quelques indications sur les choses à surveiller. La première nuit, nous ferions l'impasse sur l'enregistrement. Il était quasiment sûr que je ne pouvais plus rien assimiler. Quand je revins à la maison, le darshan était terminé et le groupe se reposait. Je fis un archana et priai pour une bénédiction.

En arrivant dans le hall avec l'équipement nouvellement acheté, je rencontrai les dévots venus aider à décorer le hall. Ils étaient tous dans l'effervescence et la joie de l'après darshan et ne pouvaient pas être plus serviables. Nous transportâmes la sono et la sortîmes des boîtes avec précaution. J'essayai d'avoir l'air de savoir ce que je faisais. Pendant que l'on nettoyait la scène, qu'on la décorait avec des fleurs et que l'on arrangeait l'autel, j'entrepris d'installer la sono. Je suivis soigneusement les instructions qui m'avaient été données : mettre méthodiquement les micros en place, ne pas enchevêtrer les câbles, retenir mentalement que tel micro correspondait à tel numéro sur la table, garder le pied de micro d'Amma sur le côté de façon à ce qu'il ne soit pas devant elle quand elle s'assiérait, je me sentais satisfaite. Il ne me restait plus qu'à être détachée et à me rappeler : « Ce n'est pas moi qui agis. » Je rentrai juste à temps pour passer chercher Amma et le groupe.

Quand nous arrivâmes dans la salle, je sautai du fourgon et demandai à un membre du groupe d'aller le garer pas trop loin. Guidant Amma dans la salle jusqu'à la scène, je me précipitai pour être prête à mettre le micro en place. Amma s'inclina comme elle le fait toujours au moment de s'asseoir avant un programme. Puis elle regarda lentement tous les gens qui étaient venus pour le programme. C'était une foule assez importante et l'on pouvait entendre une mouche voler. Amma me regarda puis fit un petit signe en direction du micro, comme si je n'avais rien fait d'autre de ma vie :avancer le micro pour la Déesse de l'univers. En récitant mon mantra, je plaçai le micro et regardai Amma pour voir comment elle réagissait. Elle leva le même sourcil et de la même façon que le vendeur le matin même ! Je ris un peu sous cape, Amma n'en ratait pas une ! Elle était toujours avec nous, nous regardant et veillant constamment sur nous, tout à la fois, en toutes occasions, petites ou grandes. Son aptitude à confirmer sa constante présence via une communication subtile était parfaite.

Si l'on n'y prêtait pas attention, on pouvait facilement ne pas s'en rendre compte.

En une demi-seconde, tout ce que j'avais besoin de savoir m'avait été transmis. Amma me sourit très gentiment et avança la main pour me toucher le sommet de la tête et me bénir. C'était tout ce dont j'avais besoin, ma nervosité s'évapora. Prenant place devant la table de mixage, je tournai lentement le bouton du volume de chaque micro et soupirai de soulagement. Tout se déroula sans accroc. Le micro d'Amma était fantastique.

La Bay Area et le nord de la Californie eurent la chance d'avoir en cette première année presque deux semaines de programme, du mont Shasta au nord jusqu'à Carmel au sud. Amma était totalement à l'aise où qu'elle soit. Un groupe de dévots la suivait déjà de programme en programme. Parmi eux se trouvaient beaucoup de ceux qui avaient assisté à la première projection vidéo à San Francisco, presque un an auparavant.

PREMIER DÉVI BHAVA

Le tout premier Dévi Bhava hors d'Amritapuri eut lieu en Amérique dans un lieu tout à fait inattendu. Un matin, très tôt, Amma descendit et se mit à inspecter toutes les pièces de la maison des Rosner. Nous ne comprîmes d'abord pas ce qu'elle cherchait mais nous l'avons rapidement découvert. Personne ne savait si Amma allait faire un Dévi Bhava à l'étranger, mais c'était ce qu'elle avait en tête ce matin là. Une des pièces attenantes à la maison faisait à peu près la taille du Kalari d'Amritapuri, avec deux portes fenêtres s'ouvrant sur une grande salle à manger. C'est cette pièce qu'Amma choisit.

Pendant le darshan du matin puis au programme du soir on annonça qu'Amma donnerait un Dévi Bhava le lendemain soir, à partir de 20h30. Le lendemain, on accrocha des saris en soie partout en guise de décoration, tout en cherchant un siège

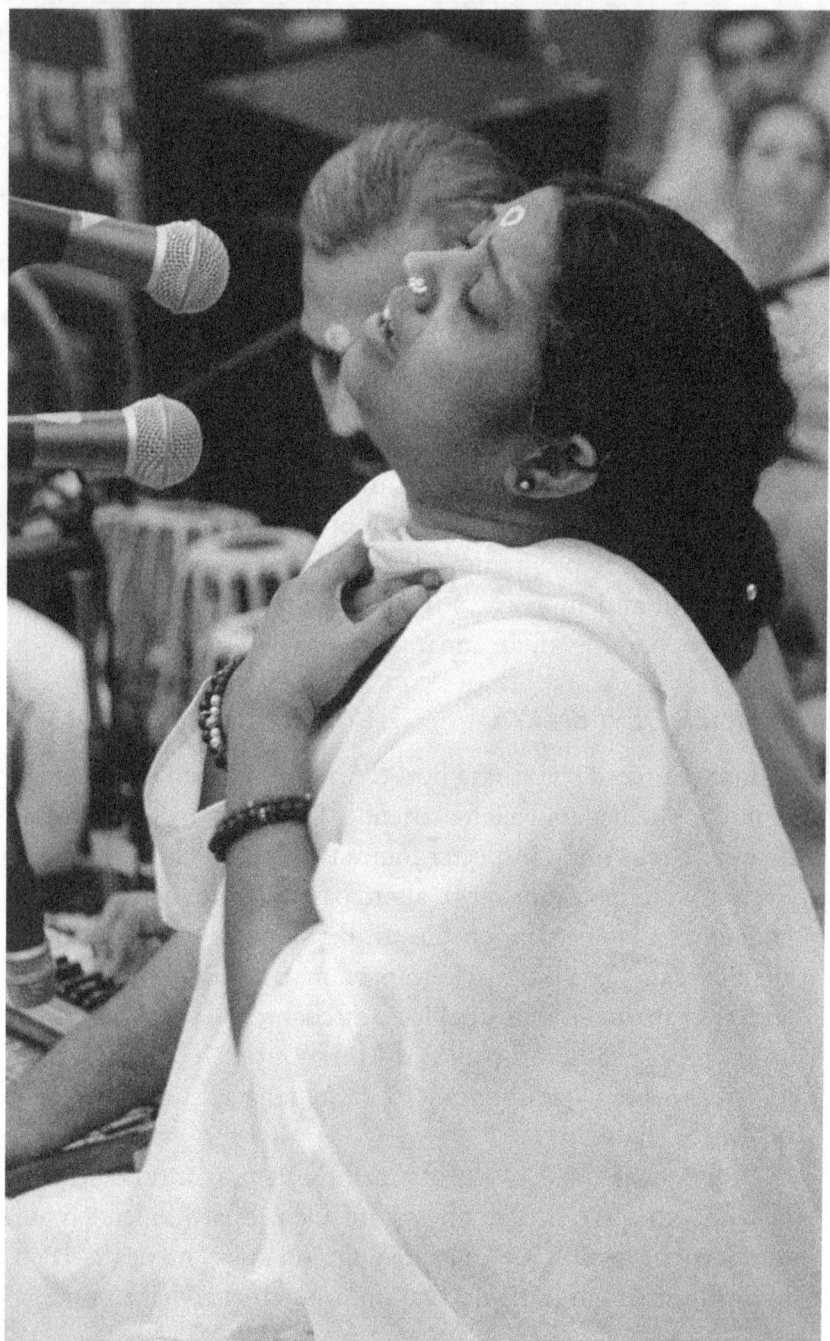

convenable pour Amma et une petite table pour poser le plateau de prasad. Un autel tout simple fut installé contre le mur du fond avec une photo de la Mère divine et une petite lampe à huile en laiton, un bouquet de fleurs des champs joliment disposé et une coupe de fruits composaient la touche finale. Un mandala artisanal dans les tons terre, que j'avais acheté à Kocchi fut suspendu en toile de fond.

En 1987, il n'y avait pas encore de téléphone portable et les nouvelles se transmettaient de bouche à oreille. Cependant, beaucoup de gens arrivèrent en fin d'après-midi. La maison fut bientôt comble. Les gens qui ne pouvaient pas rentrer envahirent la pelouse du jardin de devant. Les moines s'étaient installés pour les bhajans devant les « portes du temple », qui devaient bientôt s'ouvrir pour révéler à l'Occident, pour la première fois, la vision impressionnante d'Amma en Dévi Bhava.

L'heure approchait, les chants dévotionnels s'intensifiaient depuis plus d'une heure et les dévots étaient dans l'attente. Nous étions trois à l'intérieur du temple improvisé, pendant qu'Amma se préparait. Pour l'arati, le pujari avait apporté une lampe à plusieurs branches où l'on fait brûler du camphre. L'assistante d'Amma mettait la touche finale pendant que je faisais briller la couronne en argent. Amma avait choisi ce soir-là un sari d'un beau vert profond. Ayant placé la couronne sur le pîtham (siège sacré) pour la bénédiction d'Amma, je restai vigilante, récitant mon mantra et attendant le signal qui permettrait d'ouvrir les portes du temple pour « Ambike Dévi », le chant d'ouverture du Dévi darshan.

Bien qu'ayant assisté à de nombreux Dévi Bhava avec Amma dans le Kalari en Inde, mon sentiment fut cette nuit-là distinctement différent. C'était comme si un torrent d'énergie venu des profondeurs de la terre s'engouffrait dans la pièce avec une pulsation silencieuse et palpable. Enfin prête, Amma prit place sur son siège : Elle était assise les yeux fermés sur le pîtham que nous avions offert, des pétales de fleurs dans les deux mains, mais je sentais de façon imperceptible l'épée et le trident. Malheureusement, l'assistante avait omis d'apporter les clochettes des bracelets de cheville d'Amma. Ça n'était jamais arrivé auparavant ! Amma vibrait à une vitesse formidable et l'air était très chaud, chargé d'électricité. La lampe pour l'arati fut allumée, quand soudain la pièce tangua légèrement latéralement et je me souvins avoir pensé : « Oh non ! Faut-il qu'il y ait un tremblement de terre là, maintenant ? » Je regardai les deux autres personnes qui étaient dans le temple, elles aussi avaient l'air très grave, ce qui n'était pas pour me réconforter. Que se passait-il ?

En regardant Amma, je réalisai que c'était elle la source de cette surtension, tout émanait directement d'elle. Je pensai : « Oh mon Dieu ! Amma va soulever la maison de ses fondations ! ». Au même moment, mon esprit fut traversé par la pensée bienheureuse que l'ancestrale Mère divine de l'Univers était en train de se manifester en Amérique à ce moment précis, et de déchirer sans effort, avec une force gigantesque, le lourd voile du matérialisme. Une éternité s'écoula avant que la pièce ne semble stabilisée et Amma fit signe d'ouvrir les portes du temple pour la deuxième fois. La fumée du camphre s'élevait en tourbillons dans l'air et Amma rayonnait d'une chaleur, d'une lumière et d'une puissance indescriptibles, que je n'avais jamais vues auparavant. Elle commença à recevoir les premiers dévots. C'était comme si la terre entière s'était ouverte et qu'Amma eût fait entrer en ce lieu cette énergie primordiale, venue des recoins de l'existence les plus profonds et les plus denses, pour l'amener là en Amérique. Je me souviens avoir pensé : « Je crois que les choses ici-bas ne seront plus jamais les mêmes ».

En 1987, Amma donna le Dévi Bhava dans les lieux les plus inattendus. Au Mont Shasta ce fut dans une yourte installée dans

une prairie sur le versant est d'une montagne, par une nuit de pleine lune ! Rien que ça ! À Madison, Amma donna le Bhava darshan dans une étable rustique datant du début du siècle, sur la propriété des Lawrence. La maison des Schmidt, celle des Hoffman, des Ross-Lipscomb ont toutes accueilli Dévi bénissant les dévots. Amma manifestait la toute puissance de la Mère divine sans aucune limite. Ses enfants avaient fini par la trouver et elle sécherait leurs larmes, quels que soient le temps et le lieu.

MONT SHASTA

Le Mont Shasta est le Tiruvanamalaï californien ; c'est une montagne volcanique, un endroit que beaucoup considèrent comme une montagne sacrée représentant le Seigneur Shiva. En 1986, par l'intermédiaire de Larry Kelley, j'entrai en contact avec Susan Rajita Cappadocia, une femme exubérante du même âge que moi, 25 ans. Elle se sentit connectée à Amma dès la première projection vidéo et fit énormément d'efforts pour accueillir la première tournée des États-Unis d'Amma dans sa ville natale, Mont Shasta.

La communauté « Morning Star » où elle vivait était située sur le versant Est de la montagne et offrait une vue à couper le souffle. C'est là qu'eurent lieu les premiers programmes de darshan de jour et on avait l'impression que toute la ville du Mont Shasta venait en pèlerinage vers Amma, assise sur leur montagne bien-aimée. Amma aussi apprécia cette beauté, nous montrant tout ce qui l'attirait dans ce cadre naturel. À la fin du programme, Amma fit un tour dans la propriété et remarqua une yourte, un abri nomade rond, ressemblant à une tente, plantée dans une magnifique prairie fleurie. Après avoir inspecté les environs quelques instants et jeté un coup d'œil à l'intérieur de la pittoresque structure en toile, Amma déclara que le Dévi Bhava s'y déroulerait le lendemain soir, pendant la pleine lune. Les dévots s'envolèrent au septième ciel quand ils entendirent la traduction de ce qu'Amma venait de dire.

Le lendemain, pendant qu'Amma donnait le darshan, nous nous concentrâmes sur la transformation de la yourte en temple. Nous commençâmes par préparer le site – des arbustes furent soigneusement taillés pour faire de la place aux dévots, et on étala des bâches sur le sol. Un espace fut aménagé juste à l'entrée de la partie avant de la yourte pour que les moines puissent y chanter les bhajans. Nous rabattîmes environ la moitié de la toile vers l'extérieur sur les murs en treillage, afin que l'on puisse voir à l'intérieur du temple-yourte. Des saris de soie colorés furent suspendus pour décorer l'intérieur et un autel élaboré fut installé juste derrière le pîtham d'Amma. Environ 200 personnes assistèrent à la cérémonie d'ouverture. Quand Rajita raconta ses souvenirs des années plus tard, elle écrivit : « Quand les rideaux se sont ouverts, j'ai regardé Amma, et j'ai vu une flamme divine, son corps vibrait comme s'il abritait une puissante rivière impétueuse. C'était extrêmement fort. »

Je ressentis une joie immense en voyant les gens se relier à Amma dans toute sa splendeur. Les kilomètres, les repas manqués, l'épuisement, même la perte de mon visa – je ne regrettais rien en voyant la réunion de la Mère divine et de ses enfants. Depuis le début, mon instinct ne s'était pas trompé : il y avait une Mère divine dans ce monde et ses enfants étaient en train de la rencontrer.

TISANE PRÈS DE LA RIVIÈRE

Le long de la route Nord qui va de Santa Fe à Taos, il y a un tronçon dangereux qui longe directement le Rio Grande. À certains endroits, il n'y a même pas de place pour s'arrêter pour changer un pneu, c'est dire à quel point la rivière est proche. Nous étions au milieu de ce tronçon de seize kilomètres quand Amma déclara qu'elle avait très soif. Je réfléchis un moment, mais je savais qu'il n'y avait pas de magasin ni de café dans le coin. De nouveau,

Amma dit qu'elle avait vraiment soif, que fallait-il faire ? Je réalisai alors que nous étions presque arrivés chez Meadow, l'amie qui m'avait parlé de « la Mère divine en Inde » tant d'années auparavant. Nous arrivâmes en vue du pont indiquant le tournant qui menait à sa propriété et, avec la permission d'Amma, je quittai l'autoroute.

Il faut mentionner le pont, car c'était un très vieux pont à l'allure branlante, fait de planches de bois et de câbles en acier qui le suspendaient au-dessus de la rivière tumultueuse. Je savais que, même s'il paraissait peu solide, le pont était inspecté à chaque saison par l'Ingénieur d'État avant d'être autorisé à la circulation. En voyant l'état du pont, les moines s'écrièrent : « Stop ! » Je m'exécutai donc tout en expliquant qu'il n'y avait pas de danger. Ils m'interdirent quand même de m'y engager, je garai donc le van et nous traversâmes tous le pont à pied avec Amma.

Imaginez la surprise de Meadow, d'Ajna et de Riversong quand ils virent qui était en train de remonter leur allée ! Meadow arriva en courant du jardin, les filles sur ses talons. Amma les étreignit toutes les trois, pendant que les mots sortaient en cascades de ma bouche pour raconter à Amma que c'était Meadow qui m'avait parlé d'elle. Amma souriait d'un air entendu. Comme par coïncidence, elles venaient juste de préparer une grande carafe de tisane. On apporta des verres et nous nous assîmes pour savourer le son de la rivière, la vue des falaises colorées de La Baranca juste derrière nous en nous désaltérant avec une délicieuse boisson. En regardant Meadow et ses filles baignant dans la félicité de la présence d'Amma, je compris que ses requêtes répétées pour avoir quelque chose à boire avaient été sa façon de nous amener dans ce lieu, afin d'exaucer les prières de Meadow pour rencontrer un jour la Mère divine en chair et en os. Avec les années, je me suis rendu compte que c'était un outil qu'Amma employait – au lieu de faire des déclarations nettes qui auraient révélé son omniscience, elle faisait semblant d'avoir besoin d'une petite chose ou trouvait une excuse pour orchestrer les événements de façon à ce que les prières innocentes de ses enfants se réalisent, tout en masquant son véritable pouvoir. Des histoires semblables jalonnent la vie de Sri Krishna. En réalité, c'est une preuve de l'humilité d'Amma que de souvent agir de façon détournée, pour dissimuler son omniscience.

MOMENTS DIFFICILES

Tout bien considéré, tout se passa en douceur pendant la première tournée – sauf quand ce ne fut pas le cas... Mais les moments difficiles furent pour moi comme des jalons, d'énormes tests et rétrospectivement, ils s'avèrent des moments déterminants de mon voyage spirituel avec Amma. Ces erreurs colossales m'ont forgé une conscience plus affinée sur le chemin spirituel et m'ont forcée à me corriger.

Un tel incident se produisit au début de la tournée. Dennis et Bhakti Guest d'Orinda nous avaient généreusement prêté un van Volkswagen Westfalia pour aller jusqu'à Miranda et Mont Shasta. Le trajet était long de Bay Area à Miranda et un véhicule supplémentaire permettait à Amma et aux autres d'avoir un peu plus d'espace et d'être moins serrés. La route de Miranda au Mont Shasta était splendide mais sinueuse. Ma première erreur fut de ne faire attention en choisissant l'itinéraire. Oui, sur la carte, cette route était bien la plus courte en terme de kilomètres à parcourir, mais dans ce cas précis c'était une vraie torture pour moi et pour tout le monde. Plus de trois heures de torture. Tous sauf moi, le chauffeur, furent malades, et même si nous voulions unanimement en finir le plus rapidement possible, il était impossible d'aller plus vite sur cette petite route sinueuse à deux voies.

Les kilomètres étaient interminables, mon angoisse augmentait proportionnellement aux gémissements à l'arrière du van. Si seulement j'avais cherché plus soigneusement un itinéraire plus facile… Je me jurai de consulter dorénavant les dévots locaux au moment de choisir un itinéraire. Dans le présent, je ne pouvais rien faire d'autre que de me concentrer sur la route et d'essayer de conduire en douceur sur cette terre inconnue. Mais les choses empirèrent.

Quand finalement nous arrivâmes dans la région du Mont Shasta, je pris la mauvaise sortie, car je n'avais pas écrit les indications précises que m'avaient données les dévots chez qui Amma allait séjourner. Oups ! Que j'aie manqué de vigilance en organisant cette partie du voyage, c'était peu dire…! Il faut se rappeler qu'il n'y avait pas de téléphone portable pour envoyer des SOS. Je fis demi-tour sur la I-5 et je réussis malgré tout à me souvenir que la sortie était « Edgewood-Weed » et non pas Mont Shasta. Après la sortie, une voiture venant en sens inverse me fit des appels de phare : c'était un dévot de la région qui nous avait repérés. Il y avait au moins une personne qui faisait attention ! Je me garai sur une aire de repos herbeuse, le temps que le dévot fasse demi-tour et nous rattrape.

Amma se mit alors à me réprimander : Est-ce que je savais où nous allions oui ou non ? Pourquoi n'avais-je pas été plus vigilante en faisant les préparatifs ? Je n'avais rien à dire. Amma avait raison. Je n'avais pas fait attention, je n'avais pas pris suffisamment de renseignements. Quand Amma gronde un de ses disciples, les mots ont un vrai pouvoir – le pouvoir de l'Univers. Cela peut vous secouer jusqu'à la moelle. Vous êtes touché profondément. Amma agit ainsi intentionnellement car elle veut graver une impression – une de celles qui va transformer la personne et la rendre plus vigilante à l'avenir. Shraddha – la vigilance – est essentielle pour un chercheur spirituel. Sans cela, on ne peut jamais progresser. Comment pourrions-nous transformer nos actions, nos paroles et nos pensées négatives si nous ne sommes pas assez vigilants pour remarquer leur présence ? Je compris tout ceci mais une partie de moi ne pouvait pas l'accepter. Une partie disait : « Allez, ce n'est pas de ma faute. Ce sont des choses qui arrivent. » C'est peut-être parce que je n'acceptai pas totalement l'enseignement d'Amma que la suite se produisit.

Les dévots qui nous précédaient en voiture s'étaient engagés dans la bretelle de sortie et me faisaient signe de les suivre. Je fis marche arrière quand soudain : « BANG » – nous percutâmes quelque chose. Tout le monde cria, je coupai le contact, mis les feux de détresse et sautai du van pour aller voir. Un poteau en métal d'environ 1 mètre de haut était caché dans les hautes herbes. Le pare-choc arrière était bien cabossé. Que faisait ce poteau à cet endroit ? Je n'en savais rien mais je fus impressionnée par l'image de cet acier inébranlable. À mental ferme, progrès fermes. Au moins je pouvais apprendre d'un poteau ce que je n'apprenais pas de mon maître. Quand je remontai dans le van, Amma souriait. Elle me dit de ne pas m'inquiéter, j'avais guéri tout le monde du mal des transports !

Il peut arriver que l'on se perde en route – mais tout cela aurait pu être évité si j'avais fait attention aux détails. Accepter ce qui vient, les louanges comme les reproches, avec un mental stable – telle fut pour moi la seconde leçon. J'avais prié avec ferveur pour atteindre le but de la vie spirituelle ; pour que cela puisse arriver, il me fallait perdre le sens de l'ego et l'amour-propre. C'est un sport rude, il n'y a pas de doute, mais c'est le prix à payer pour atteindre le but. Si l'on nous donne des sucettes quand nous faisons des bêtises, nous n'apprendrons rien.

Quand Amma voyait un disciple manquer de vigilance et ne pas se remettre en cause après qu'elle le lui eût fait remarquer, elle faisait son travail en se montrant sévère dans certains cas. Amma prend son rôle de maître au sérieux ; plus nous désirons atteindre le but, plus elle est stricte pour éradiquer nos négativités. Mais nous devons de même prendre notre rôle de disciple au sérieux et nous efforcer avec sincérité de changer notre caractère. Si Amma nous fait voir une de nos faiblesses, soyons prêts à changer. Sinon, nous faisons perdre du temps à tout le monde.

J'avais l'impression que la présence d'Amma mettait en lumière le meilleur et le pire chez les gens. On peut comparer cela au fait de verser de l'eau propre dans une bouteille sale. Au début, c'est la saleté qui ressort. Ce n'est qu'ensuite que l'eau claire apparaît. Ce processus peut prendre beaucoup de temps pour aboutir, parfois même plusieurs vies ; tout dépend de la saleté de la bouteille. La grâce et la perspicacité sont nécessaires pour comprendre ce processus, pour nous confronter à la saleté et la rejeter pour de bon.

Amma remplira l'objectif que nous avions en venant à elle – elle nous conduira au but – en étant attentive au mental errant de ses élèves. Mais comme c'est le cas pour les élèves qui apprennent lentement, il allait falloir un autre dos d'âne sur la route pour je comprenne vraiment le message.

L'incident se produisit au Nouveau Mexique. Amma était arrivée à Taos et le programme du soir à l'auditorium de Harwood attira beaucoup de monde. L'endroit où nous devions séjourner cette nuit-là se trouvait à l'extérieur, sur le Taos Mesa et la personne qui avait offert sa maison à Amma et au groupe était absente à ce moment-là. J'avais délégué la préparation de la maison à un couple de la région, puisque je m'occupais de l'organisation du programme du soir. Cependant, quand nous arrivâmes tard dans la nuit après un long darshan, il était clair que la maison n'était pas prête. Cette nuit allait être pour moi la pire de toute la tournée.

Je me garai devant la maison, mais personne ne vint nous accueillir – la maison était fermée à clef, il n'y avait pas de lumière. Je me demandais si je ne m'étais pas trompée de lieu. Mais non, le couple à qui j'avais délégué la préparation arriva en remontant l'allée. Mon soulagement fut cependant de courte durée. Une fois que nous fûmes entrés dans la maison, je jetai un coup d'œil à la cuisine. Il y avait des plats sales dans l'évier. Quand je montrai à Amma sa chambre, j'eus un mouvement de recul en voyant que les lits n'avaient même pas été faits. La maison n'avait pas été préparée pour un invité ordinaire, encore moins pour la Mère divine. Ce n'est pas qu'une telle situation importe le moins du monde à Amma, mais j'étais mortifiée d'avoir totalement négligé mon devoir en ne m'assurant pas que la maison serait prête. Rien n'était en place, rien du tout, mais à 3 h du matin, il n'y avait plus rien à faire. Amma accepta l'expérience sans commentaire, s'assit pour lire son courrier et dîner.

Amma voyait ma prise de conscience intérieure et constatait qu'il était inutile de me réprimander, j'avais déjà tiré la leçon de la situation. Il m'était insupportable de voir que mon manque de vigilance avait pratiquement jeté Amma à la rue. Mais la jeune femme qui voyageait avec Amma et qui, depuis, l'a quittée, fut implacable. Ses mots furent profondément blessants et je dois admettre que, bien que pleine de remords, je me retenais de lui dire : « Je fais du mieux que je peux ».

La bonne nouvelle, c'est que cela ne s'est plus jamais reproduit. La mauvaise nouvelle c'est que le lendemain il fallut faire une série de choix qui rendirent la leçon encore plus cuisante. En quittant cette maison sale et mal équipée, nous roulâmes en direction d'un beau lieu situé dans les Lama Mountain, à environ 24 kilomètres de Taos. Au moins la route n'était pas sinueuse, mais elle était longue. Beaucoup de dévots étaient venus de Santa Fe et de Colorado pour assister à ce programme de Lama Mountain, car cet endroit était connu pour sa tranquillité et parce qu'un maître soufi y avait enseigné et y était enterré.

Encore secouée par la catastrophe de la nuit précédente, je me mis en devoir de contacter une amie, Rita Sutcliffe, pour voir si sa maison était libre après le programme du matin afin qu'Amma puisse s'y reposer. Elle accepta du fond du cœur et rentra immédiatement chez elle, manquant le magnifique darshan du matin pour être sûre que tout serait impeccable pour accueillir Amma et le groupe. Contente que le fiasco de la nuit précédente ne se répète pas, je ne vis pas qu'en prenant les choses en mains sans en parler à Amma je créais un autre angle mort qui allait provoquer ensuite un problème encore plus grave. À ce moment-là, j'aurais dû avertir Amma qu'on préparait une autre maison en ville, près du lieu du programme du soir. Mais pensant que j'avais la situation en main, et que tout allait bien, je ne le fis pas.

Vers midi, beaucoup de gens attendaient encore pour passer au darshan, quand un homme s'approcha de moi. Il se présenta comme Richard Schiffman et dit qu'Amma avait accepté de venir chez lui plus loin dans la montagne, avant le programme du soir. Je savais que Rita était en train de préparer sa maison pour accueillir Amma, mais je m'enquis tout de même de l'endroit où il habitait, surtout par politesse. Il me dit que c'était un petit chalet rustique, sans eau courante, à environ 20 minutes de là, dans la montagne, sur une route non goudronnée. Aïe ! Je ne risquais pas d'y emmener Amma ni le groupe, après ce qui c'était passé la nuit précédente. Je lui expliquai que nous avions organisé les choses autrement et qu'il ne serait pas possible d'emmener Amma dans ce chalet. Deuxième erreur : j'aurais dû demander à Amma ce qu'elle avait promis à Richard.

Le programme du matin se termina et nous nous mîmes en route vers Lama Mountain. Nous prîmes la direction de l'autoroute du Sud. Nous roulions depuis moins d'un kilomètre quand Amma demanda où nous allions. Quand je lui expliquai le nouveau plan, Amma me demanda pourquoi nous n'allions pas chez Richard. Est-ce qu'il ne m'avait pas informé qu'Amma souhaitait s'y reposer ? Je répondis que si, mais que comme il n'avait pas l'eau courante et que c'était à vingt minutes d'ici sur un chemin de terre et dans la direction opposée, j'avais décidé qu'il était préférable d'aller dans une maison en ville. Le moine qui s'appelle maintenant Swami Purnamritananda et qui traduisait jusque là s'arrêta net : « Tu as fait quoi, Kusuma ? » me demanda-t-il doucement. Je répétai, pensant qu'il n'avait pas bien entendu. Il resta silencieux, refusant de traduire un tel manque de discernement.

Amma n'eut pas besoin de traduction pour savoir ce qui s'était passé et le silence de la nuit précédente eût été un baume bienvenu en comparaison du « savon » que je pris alors. Dans ma hâte de corriger l'erreur que j'avais faite la nuit précédente, j'en avais commis une encore plus grosse – j'avais oublié que ce qui importait vraiment à Amma c'était la croissance spirituelle – la mienne et celle des autres. Je savais pourtant bien que le but de la vie auprès d'un guru était de transcender l'ego et le sens du moi en tant qu'individu limité et que l'on ne peut pas y arriver en prenant les décisions à la place du guru...

Pire encore, Amma avait promis à Richard qu'elle lui rendrait visite et maintenant, par mon acte inconsidéré, j'avais empêché Amma de tenir sa promesse. Amma avait donné sa parole et je l'avais bloquée. Elle se devait de me montrer ce que j'avais fait. Si je persistais dans cette habitude, je continuerais à créer des problèmes pour les autres et pour moi ; Amma allait immédiatement étouffer cette tendance dans l'œuf.

Dans un sens heureusement que je conduisais, parce que si j'avais été assise à côté d'Amma et l'avais regardée, je pense que j'en serais morte. Cette leçon me frappa comme un boulet de canon. Amma déclara qu'elle ne continuerait pas la tournée plus longtemps avec moi aux commandes, quelqu'un d'autre me remplacerait. Personne ne broncha. Quand nous nous arrêtâmes devant la maison des dévots, ceux-ci se précipitèrent dehors pour accueillir Amma avec des sourires innocents et une belle guirlande. Un des moines sortit du van et expliqua qu'Amma viendrait dans un instant, que nous étions en train de terminer une discussion.

Je m'extirpai du siège du conducteur et debout devant Amma, j'implorai son pardon. J'appréciais la fidélité d'Amma à son rôle de guru et espérais devenir une élève plus réceptive. Si nous sommes en train de nous noyer et qu'un maître-nageur vient nous sauver, pourquoi lui grimper dessus pour crier « Au secours, à l'aide ! » Il faut s'abandonner à lui et le laisser nous tirer jusqu'au rivage. Amma me sauvait et le moins que je pouvais faire c'était de me laisser sauver ! Je promis solennellement de demander l'avis d'Amma pour tout ce qui concernait l'organisation de la tournée, surtout si quelqu'un venait me prévenir qu'Amma lui avait promis de se rendre chez lui.

On peut comparer la colère d'un vrai maître comme Amma, à une corde brûlée – elle semble entière mais quand on la touche, elle se réduit en cendres. Bien souvent, j'ai vu Amma, apparemment en colère, radieuse et rieuse l'instant d'après. Ou bien réprimander sévèrement un disciple et le regarder avec amour et inquiétude dès qu'il avait le dos tourné. Même à cette époque, après quelques années auprès d'Amma, je savais qu'elle n'est jamais réellement en colère mais qu'elle fait semblant pour le bien de ses disciples. Quand elle veut que ses disciples prennent conscience qu'ils ont fait une erreur, ils le sentent. Mais Amma ne s'attache à rien – une fois la leçon apprise ou au moins reçue sans résistance interne, c'est fini, son apparente colère s'évanouit, comme la flamme de la bougie soufflée par le vent. La colère d'Amma peut sembler cruelle mais une mère ne doit-elle pas gronder ses enfants pour les rendre vigilants et conscients, afin qu'ils ne commettent pas d'erreurs plus grandes à l'avenir ? En réalité, les réprimandes d'Amma, tempérées par son amour maternel, ont donné le jour à un groupe de disciples de longue date qui sont remarquablement pragmatiques, accessibles et conscients de leurs propres défauts. Au bout de tant d'années, ils sont encore capables de rire d'eux-mêmes.

POINTS CULMINANTS AU SUD DES ROCHEUSES

Malgré tout, je trouvai la force de continuer la tournée. Avais-je le choix ? Je ne pouvais pas m'attarder sur mes erreurs. Ce qui importait, c'était que je ne tombe plus dans le piège de l'ego. Je priais pour devenir celle qui remercierait Amma de lui avoir montré ses défauts au lieu de résister à son enseignement. Mais ce n'était pas facile. L'ego est un maître dur à déloger une fois qu'il s'est installé confortablement !

Une jeune femme, qui n'est plus à l'ashram, était connue pour son amour intense pour Amma, son dévouement et son abnégation. Mais en même temps, ceux qui la connaissaient bien n'avaient que trop conscience de son immaturité émotionnelle, des critiques injustifiées qu'elle adressait aux autres, de sa langue acérée comme une lame de rasoir. Elle était obstinée, incapable d'entendre la moindre critique et rechignait à franchir les étapes nécessaires à son évolution. C'était un étrange mélange d'intransigeance et de dévotion. Mais pourquoi résister au changement ? Je ne voulais pas être ainsi, cela n'aurait fait qu'entraver mon progrès spirituel. D'ailleurs, il était douloureux et gênant de reproduire sans cesse les mêmes erreurs.

CHEZ HANUMAN

Il fallut un arrêt imprévu pour me ramener sur la voie. Nous étions toujours dans la région de Taos, j'avais raconté quelques histoires à propos des sites remarquables du coin, parmi lesquels le temple d'Hanuman était mon préféré. Amma se montra très intéressée et insista pour faire un détour afin d'aller le voir et de rendre hommage à Hanuman, le plus grand dévot du Seigneur. Nous avons donc roulé jusqu'au temple et nous nous sommes garés sans fanfare. Amma entra dans le sanctuaire et s'assit tranquillement au milieu de la pièce. La murti (statue de la déité) de marbre blanc venait de Jaipur et représentait Hanuman fendant les airs, une massue sur ses épaules et la bague du Seigneur Rama à la main. Le visage d'Hanuman arborait une expression de dévotion et de paix. Assise, Amma fixait ce visage avec un plaisir évident. La statue exubérante à deux tons était un chef-d'œuvre. Elle était magnifiquement mise en valeur sur un vaste autel recouvert de fleurs éparses, d'ustensiles de puja, de bougies allumées et de bols de prasad. D'une façon ou d'une autre, la nouvelle de la venue d'Amma avait circulé et les dévots surgirent d'un peu partout. Les moines apportèrent l'harmonium et un mridangam (tambour à deux faces). Amma se mit à chanter : « Sri Rama Jaya Rama », suivi de « Sita Ram bol » et termina la série par « Mano Buddhyahamkara ». Amma donna le darshan à la trentaine de personnes qui avaient la bonne fortune de se trouver là et sortit du temple aussi tranquillement qu'elle y était entrée.

LE CHARME DE SANTA FE

Les Schmidt s'étaient montrés remarquables dès le moment où je les rencontrai pour organiser la première projection vidéo « Une journée avec Amma », chez eux en 1986. Steve était un éminent avocat et Cathy (maintenant Amrita Priya) était professeur de musique ; il font partie des gens les plus pragmatiques, les plus travailleurs et les plus enjoués que j'aie jamais rencontrés. Leurs jeunes enfants Sanjay et Dévi étaient mignons et curieux. Leur maison, nichée dans les contreforts de la zone naturelle de Santa Fe, comportait une salle de méditation qui pouvait contenir facilement une vingtaine de personnes. Je constatai tout de suite que l'énergie y était vraiment paisible ; ils y avaient beaucoup médité. C'était cette même famille qui m'avait spontanément appelée à Boston, juste avant la pré-tournée, pour faire une généreuse donation.

Je ne fus pas du tout surprise, un matin, de voir Amma commencer à fureter dans les pièces de leur maison ; c'était un signe révélateur que quelque chose de cosmique se préparait. Elle nous réunit tous dans la vaste salle à manger pour nous demander s'il serait possible d'y tendre un rideau afin de créer un espace pour un petit temple. Cathy et Steve furent au comble de la joie.

Nous nous mîmes à l'œuvre immédiatement – débarrassant le manteau de la cheminée de son importante collection de poupées kachina, déplaçant les meubles et choisissant la chaise parfaite pour Amma. Le bouche à oreille fonctionna et la nuit suivante, nous eûmes à gérer à la fois les places de parking et les places assises pour la foule qui envahissait leur propriété ! Je me souviens avoir regardé les réactions de Steve à plusieurs reprises durant la nuit ; il avait l'air de plus en plus émerveillé et bienheureux. Cathy était l'hôtesse la plus gentille qui soit, sans cesse au service des dévots, prête à satisfaire leurs moindres désirs ; elle n'a pas changé et continue aujourd'hui encore à agir ainsi.

En quelques années, leur propriété devint le domicile du « Centre Amma du Nouveau Mexique » et reste l'un des ashrams d'Amma à l'étranger, connu pour ses projets de service à long terme : nourrir les sans-abris de « La Cuisine d'Amma » ou enseigner la méditation en prison.

Tout comme l'ashram de San Ramon, le Centre Amma de Santa Fe est fortement relié à Mère Nature. Cela se voit autant dans le soin apporté aux jardins potagers biologiques et à la serre solaire, qu'à l'organisation d'ateliers de formation au jardinage biologique dans un écosystème désertique de haute montagne.

SOLSTICE D'ÉTÉ 1987

Un programme spécial avait été organisé le 21 juin dans une prairie, le long de la rivière Pot Creek, juste à l'Est de Taos. La propriété appartenait à Jameson Wells, un artiste local qui avait sculpté une statue à quatre côtés en granit noir qui représentait la déesse Kali. Le programme avait été annoncé comme la « Célébration du Solstice de la Mère divine » et nous avions peint en blanc sept plaques carrées qui portaient un triangle rouge et un point central. Ils représentaient les sept chakras sacrés (centres d'énergie dans le corps) et étaient alignés avec la sculpture pour tête. La famille avait installé un dais jaune et blanc qui procurait de l'ombre, mais il y avait tellement de gens qu'on ne pouvait échapper au soleil brûlant de la mi-journée. Amma n'apprécia pas la disposition des sept chakras et demanda à tout le monde de s'entasser sous le dais, de se rapprocher le plus possible les uns des autres et à la place, de visualiser la Mère divine intérieurement. Je l'ignorais à l'époque, mais ce fut le commencement de la Dévi puja (vénération de la Mère divine) qui deviendrait plus tard l'Atma puja (vénération du Soi) qui précède aujourd'hui encore tous les darshans de Dévi Bhava à l'étranger. Amma s'entretint quelques instants avec les moines, pendant que les dévots se rassemblaient sous le dais du mieux qu'ils le pouvaient. Elle expliqua que nous réciterions les 108 noms de Dévi dans le style traditionnel, appel et réponse. Elle nous signifia de faire la vénération mentalement. Elle disait que la manasa puja (vénération mentale) pouvait être encore plus puissante que la vénération extérieure, pourvu qu'on la fasse avec une attitude d'abandon et d'enthousiasme. Le moine récitait le premier nom, et nous récitions à notre tour : « Om para shaktyai namaha – je m'incline devant l'Énergie Suprême sous la forme de la Mère divine – tout en faisant le geste de placer la main droite au niveau du cœur et de cueillir une fleur pour l'offrir à Dévi. Le but était d'imaginer que nous offrions notre cœur au

Divin. Amma indiqua également que si l'on ne souhaitait pas se représenter la Mère divine, on pouvait juste imaginer un idéal à la place, comme la paix dans le monde ou Mère Nature. « Croyez en votre propre Soi et avancez » disait toujours Amma.

Tout le monde avait bien écouté la traduction et nous pratiquâmes ensemble, Amma répondant plusieurs fois « Om para shaktyai namaha » tandis qu'elle offrait le lotus du cœur. C'était poétique spontané et clair ; quand la cérémonie fut terminée, l'atmosphère était d'une autre dimension. Personne n'avait jamais expérimenté une chose pareille, moi non plus ! Puis Amma chanta quelques bhajans : « Kali Durge Namo Nama », « Para Shakti Param Jyoti » et donna le darshan à tout le monde. Toute l'après-midi se passa dans la béatitude et bientôt il fut temps de faire nos adieux à ce groupe de dévots adorables qui, pour beaucoup, rejoindraient Amma à Madison quelques jours plus tard.

MADISON LA MAGNIFIQUE

Les moments mémorables vécus pendant la pré-tournée à Madison avaient préparé le terrain pour le remarquable programme d'Amma qui s'y déroula en cette première année. Par certains côtés, quand nous arrivâmes chez les Lawrence, c'était comme si nous retrouvions de vieilles connaissances. Ils habitaient une ferme de vingt-quatre hectares dans les bois, juste à la sortie de Madison. Et c'étaient vraiment de vieux amis ; Barbara Lawrence fut le premier professeur de hatha yoga de Swami Paramatmananda et c'est elle qui lui avait donné son premier exemplaire de la Bhagavad Gîta, plus de vingt ans auparavant. Sa fille Rasya, qui vit aujourd'hui avec Amma en Inde, se rappelle que sa mère lui disait, à propos de son jeune élève de yoga, qu'il « ferait un bon moine. »

Leurs champs étaient semés de luzerne et Amma fit des remarques sur la beauté majestueuse des érables. L'étable des Lawrence, datant du début du siècle, fut transformée en temple pour le Dévi Bhava d'Amma quelques jours plus tard. Quand on ouvrit les portes de la grange nettoyée à fond par des dizaines de nouveaux dévots, la beauté incroyable de la scène du Dévi Bhava surpassait encore celle des érables élancés.

Mary La Mar et Michael Price, également de Madison, accueillirent Amma dans leur spacieuse maison pour une merveilleuse journée de darshan. C'était l'autre famille qui m'avait contactée à Boston pour faire un don, quand j'avais paniqué pendant la pré-tournée. Naturellement chaleureux et amicaux, veillant à tous les besoins de ceux qui venaient pour rencontrer Amma, Michael et Mary furent de parfaits ambassadeurs de l'hospitalité du Middle-West.

En voyant ces flots d'amour couler pendant notre étape au « Pays du Cœur » j'eus bien souvent les larmes aux yeux. La communauté soufie hébergea un des programmes du soir aux « Gates of Heaven » (Portes du Paradis) et je me souviens encore des membres du groupe « Jaya » qui chantaient de tout leur cœur. L'un des enfants d'une famille qui avait assisté à la première projection vidéo que j'avais faite en 1986, avait huit ans à l'époque. Il s'appelle maintenant Vinay et réside à l'ashram d'Amma en Inde depuis de nombreuses années. Il consacre tout son temps et toute son énergie créatrice à « Embracing the World » (Étreindre le Monde), l'organisation qui coordonne le vaste réseau d'activités caritatives d'Amma dans le monde.

DERNIERS MOMENTS DE LA PREMIÈRE TOURNÉE DES ÉTATS-UNIS.

Il y aurait encore beaucoup d'histoires à raconter sur la première tournée des USA, mais je les garde pour un prochain livre. La joie qu'Amma avait d'être avec ses enfants servit constamment de musique de fond ; quant à eux, ils furent transformés par la beauté profonde qui était entrée dans leur vie. Il était presque temps pour Amma de s'envoler pour Paris et d'effectuer la dernière étape de sa première tournée du monde. La partie américaine de la tournée prit fin dans le Connecticut, chez les Devan. Cette étape fut extrêmement douloureuse pour moi. J'avais géré la tournée avec peu de moyens. J'avais fait face à tous les besoins, mais il ne restait plus un sou. Je n'avais pas de visa pour rentrer en Inde. Amma m'encourageait à l'accompagner en Europe mais je savais que c'était impossible.

Le matin, j'expliquai à l'un des moines qu'il me faudrait trouver du travail quelque part pour rembourser les dettes comme je l'avais promis et qu'il m'avait fallu renoncer à mon visa d'entrée pour revenir organiser la tournée des États-Unis. Je n'avais pas trouvé le temps de parler de tout cela à Amma au milieu du branle-bas de combat de la tournée. De plus, cela assombrissait mon moral. Cela avait été un choix conscient de ma part, c'était ce que j'avais accepté de sacrifier de mon plein gré pour être sûre que la tournée aurait lieu. Ma récompense avait été de voir Amma avec ses enfants. Je n'allais pas pleurnicher maintenant ! J'étais certaine que dans six mois, je pourrais retourner auprès d'Amma en Inde et dans l'intervalle il y avait beaucoup de choses à organiser pour la tournée de l'année prochaine, puisqu'Amma avait déjà promis aux dévots de revenir.

Quand les moines racontèrent à Amma ce qui s'était passé, elle eut une autre idée. Elle m'appela et m'invita à m'asseoir tranquillement à côté d'elle. Elle me demanda de raconter mon histoire à la poignée de dévots qui étaient restés depuis deux jours pour dire au revoir à Amma. Elle dit qu'il était important pour moi que je raconte mon histoire et ensuite ce qui devait arriver arriverait. C'est donc ce que je fis. Nous nous assîmes en cercle et je racontai mon histoire : combien il avait été important pour moi de conduire Amma auprès de ses enfants ; combien ma vie avait infiniment été transformée par Amma depuis que je l'avais rencontrée et combien je voulais qu'il en soit de même pour les autres. Mais en permettant à Amma de venir en Amérique j'avais également mûri dans mon engagement spirituel, j'avais vu qu'il était nécessaire qu'un Maître réalisé vienne nous enseigner la Vérité. Je ne parlai pas plus de dix à quinze minutes, les yeux constamment fixés au sol. Je ne pouvais pas supporter de voir la réaction des gens. Quand j'eus terminé, je m'inclinai devant le cercle de gens et me levai pour m'excuser. Je remarquai que certains essuyaient des larmes. Ils m'invitèrent immédiatement à venir chez eux à Bay Area et promirent de m'aider du mieux qu'ils le pourraient. Ils voulaient faire partie de l'équipe qui organiserait la tournée de l'année prochaine et étaient prêts à commencer dès maintenant.

Un des dévots partit pour organiser au pied levé mon voyage de retour en compagnie de sa famille.

Quand je retournai dans la chambre d'Amma pour lui raconter ce qui s'était passé, elle m'attendait pour que je lui serve son repas. J'avais l'air malheureuse, quand elle me fit malicieusement remarquer: « Triste ? Pourquoi ? »

Je répondis : « Parce que Amma s'en va ».

Amma répliqua immédiatement : « Où ? »

Amma dit toujours que l'Amour abolit la distance. J'avais éprouvé cette vérité en profondeur, mais à ce moment-là, j'étais désespérée de voir Amma s'envoler sans savoir quand je la « verrais » à nouveau.

CHAPITRE 8

Aller avec le courant...

Je pus retourner en Inde bien plus tôt que prévu. Quand Amma partit pour l'Europe, je repris l'avion pour la Bay Area en compagnie de quelques dévots. Mon objectif était de rembourser mes dettes le plus rapidement possible et de passer le plus clair de mon temps avec les dévots afin de rester dans l'atmosphère créée par Amma pendant la tournée.

Nous avons mis en place le premier groupe de satsang du MA Center. Nous nous rassemblions chaque semaine chez Hari Sudha (Tinna) à Berkeley. La soirée commençait par la projection d'une vidéo de la tournée d'Amma, puis nous récitions les 108 noms de la Mère divine du Lalita Sahasranama, que nous avions récités tout l'été avec Amma. Nous chantions ensuite des bhajans pendant pratiquement une heure et nous terminions par quinze minutes de méditation silencieuse. Ensuite nous partagions à la bonne franquette un repas, suivi du récit d'anecdotes sur Amma et de questions réponses. Tout cela se prolongeait tard dans la soirée.

Les dévots venaient de toute la Bay Area pour participer aux satsangs hebdomadaires de Berkeley, et parfois ils m'invitaient pour faire de même chez eux à Marin, Orinda, South Bay ou San Francisco. C'était une époque pleine de spontanéité et débordante d'enthousiasme. Chacun apportait son aide pour être sûr qu'Amma revienne l'année suivante. Bien vite, les groupes de satsang hebdomadaires furent créés dans chacun de ces lieux.

Je n'eus pas besoin de prendre le travail auquel j'avais pensé car des dévots qui voulaient rester anonymes réglèrent mes dettes. On m'offrit également un billet d'avion pour rentrer en Inde. Tout ceci étant l'expression de la grâce d'Amma, j'acceptai donc ces cadeaux avec reconnaissance. À la mi-août, j'étais de retour chez Amma. Ma sadhana et ma hutte confortable étaient comme de vieux amis que je retrouvais et qui m'accueillirent à mon retour.

CÉLÉBRATION DU 34ÈME ANNIVERSAIRE D'AMMA

En Inde, c'est notre étoile de naissance (la constellation dans laquelle se trouvait la Lune au moment de notre naissance) qui détermine le jour de notre anniversaire. Ainsi, nous célébrâmes le 34ème anniversaire d'Amma le 10 octobre. L'étoile de naissance d'Amma était au-dessus de nous, et le hall de méditation du Temple de Kali, pratiquement achevé, était rempli de milliers de dévots, ainsi qu'Amma l'avait prédit. Comment avait-elle pu le savoir au moment de la construction du Temple de Kali début 1986 ? Ce détail m'a toujours intrigué. Lors de cette célébration, nous avons récité pour la première fois le « Mata Amritanandamayi Astottara Sata Namavali » (les 108 noms d'Amma), qui avait été composé par Ottur Namboodiri, poète célèbre du Kérala, un résident âgé de l'ashram. Une nouvelle ère venait de commencer pour Amma et ses enfants. Nous pouvions sentir le changement qui s'opérait, bien qu'Amma fût toujours cette même âme pure, prenant soin des dévots et répandant la paix et la joie sur tous ceux qui venaient dans son giron. Elle était plus que jamais la Mère de l'univers.

EN TOURNÉE AVEC AMMA

Il y avait de plus en plus de résidents à l'ashram et Amma commença à beaucoup voyager en Inde avec eux, se rendant dans les moindres recoins du Kérala et du Tamil Nadu. Le minibus étant devenu trop petit, on nous offrit un grand bus. En novembre, nous allâmes pour la première fois à Mumbai. Assise derrière Amma, j'observais en silence d'heure en heure, jour après jour, les effets de sa présence divine qui apportaient de la beauté aux visages de tous ceux qui recevaient son étreinte. Et je m'émerveillais de tant d'énergie. Après les programmes, Amma allait tout droit à la chambre qui lui avait été préparée et commençait à lire tout son courrier, puis elle recevait les organisateurs locaux et donnait des conseils aux ashramites qui l'interrogeaient. Chacun de nous aidait à sa manière mais personne ne pouvait suivre la cadence d'Amma. Je restais assise des heures durant, agitais l'éventail s'il faisait chaud, essayais de convaincre Amma de boire un peu d'eau et gardais à portée de main une serviette humide pour son visage. À la fin du darshan, qui avait duré toute la journée, Amma sautait dans la voiture qui l'attendait et se rendait dans une dizaine de maisons, à la demande de leurs propriétaires, pour ne rentrer qu'à l'aube. Amma était un océan de compassion, autant sur scène qu'à l'extérieur. Elle générait sans cesse rire et enchantement, et observait le mental de ses disciples pour corriger leurs erreurs.

Tous les programmes en Inde étaient bien préparés et beaucoup de gens eurent la possibilité de rencontrer Amma. J'appris à faire attention à de nombreux détails qui avaient leur importance en observant Amma guider les organisateurs locaux : toujours accepter quiconque souhaitait aider, ne jamais refuser personne, toujours accueillir les gens avec un sourire et s'assurer que chacun avait de quoi manger et un endroit pour dormir. De retour au Kérala, beaucoup de dévots vinrent en pèlerinage à l'ashram. Bientôt, les pièces du Temple de Kali se remplirent au fur et à mesure qu'elles étaient prêtes.

INTROSPECTION

J'étais arrivée en Inde avec un visa de tourisme de trois mois, et en novembre je devais renouveler ma demande pour trois mois supplémentaires, ce qui était permis à l'époque. J'espérais que le Bureau des Affaires Étrangères m'aurait pardonné et que je serais à nouveau dans leurs bonnes grâces, car je ne supportais pas l'idée d'avoir à repartir au bout de 90 jours. De fait, chaque nouvelle journée était comme un cadeau et je ne prenais rien pour acquis. Chaque soir, je prenais un temps d'introspection et essayais de voir mes imperfections. Avais-je été patiente, avais-je été gentille ? Avais-je été assez consciente, pratiqué continuellement le mantra japa, puisque tels avaient été les problèmes que j'avais rencontrés pendant la tournée ? Avais-je récité l'archana avec la bonne attitude ? Si cela n'avait pas été le cas, je le récitais une fois de plus avant d'aller me coucher. Avais-je été capable d'aider quelqu'un, même à petite échelle ? Avais-je pensé à Mère Nature et fait quelque chose pour elle ? Mon cœur s'était-il rapproché d'Amma aujourd'hui ? Tels avaient été les enseignements qu'Amma m'avait transmis pendant la tournée et les suivre était pour moi aussi important que de se désaltérer.

Une jeune femme, qui quitta l'ashram par la suite, semblait être jalouse de moi et j'essayais de ne pas en être affectée. Je faisais de mon service une offrande d'amour et j'essayais en conscience de ne pas laisser mon orgueil s'en nourrir. Je ne voulais pas qu'elle se tourne contre moi car j'avais remarqué qu'elle pouvait rendre la vie difficile aux personnes qui n'étaient pas dans ses bonnes grâces et les empêcher d'approcher Amma. Inévitablement, colère, jalousie, orgueil et jugement surgissent en présence d'Amma, puisque ce sont ces tendances négatives dont nous essayons de nous purifier ! Pratiquer l'introspection m'aidait à prendre conscience de ma part de responsabilités dans les situations vécues et à les rectifier. Quand je m'en ouvris à Amma, elle me déclara que mon devoir était de m'améliorer et non de m'inquiéter de ce que faisaient les autres. C'était très clair.

Amma utilise souvent la métaphore du tambour à polir les pierres pour décrire les situations dans lesquelles nous nous trouvons alors que nous cherchons à atteindre le but en vivant dans une communauté spirituelle. Les côtés anguleux d'une pierre se frottent contre les angles des autres pierres ; à force de se cogner entre elles dans le tambour en mouvement, elles finissent par être polies à la perfection.

UN NOUVEAU SEVA

Amma changea mon seva : je passai de la cuisine à la relecture des nouveaux livres qui sortaient en anglais. *Mata Amritanandamayi : A biography* (biographie d'Amma) fut le premier, suivi de *For My Children*, (Paroles d'Amma), un recueil d'enseignements d'Amma classés par thèmes. Je collaborai également à l'édition de *On the Road to Freedom* (Sur le chemin de la liberté) écrit par Swami Paramatmananda. De plus, j'envoyais chaque mois des articles pour la lettre d'information *Amritanandam* ainsi que la couverture du nouveau numéro avec une photo d'Amma aux dévots du MA Center afin qu'ils les photocopient et les expédient aux quelques cent abonnés. Pour rédiger les articles, je demandai à Amma si je pouvais utiliser un magnétophone pour lui poser des questions ; elle s'empressa d'accepter. Chaque numéro était vibrant de sagesse, de bonté et d'humour. Amma était pur satsang quand elle parlait de sagesse spirituelle et ses paroles prenaient forme immédiatement, sans effort. Il n'y avait aucun intermédiaire, seulement Amma dans toute sa pureté et aujourd'hui encore il en est ainsi.

LA SÉRIE DES « AMRITANJALI »

L'enregistrement de tous les bhajans se faisait dans un studio improvisé installé dans la petite maison qu'un dévot hollandais avait fait construire quelque temps auparavant. Cette maison était située à l'emplacement actuel de la clinique ayurvédique Vishuddi, juste à côté de l'entrée nord de l'ashram. Tout était insonorisé, autant que possible. Les bandes d'enregistrement étaient montées dans la pièce d'à côté. À cette époque, quand Amma s'asseyait pour une séance d'enregistrement, celle-ci pouvait durer une, voire deux semaines ! Amma et tout l'ashram étaient alors totalement accaparés par cet événement. Après des heures et des heures de chants avec Amma, l'atmosphère était incroyablement chargée. En trois ans, 10 volumes de bhajans furent enregistrés pour la série de cassettes *Amritanjali*. Comme il est difficile de s'imaginer qu'aujourd'hui, en 2012, Amma a enregistré plus de 1000 chants en 35 langues !

La vente des cassettes permit à Amma de mettre en place des projets d'aide aux pauvres et aux nécessiteux, des actions au cœur de son objectif. Les magnifiques enregistrements des chants d'Amma et des résidents de l'ashram permettaient aux dévots, non seulement d'écouter ses bhajans, si puissants, quand ils n'étaient pas à l'ashram, mais également de recevoir ses enseignements par le biais des chants, rappelant ainsi à chacun le moyen d'atteindre le but. Peu importait l'auteur des chants, tous les bénéfices des ventes servirent et servent encore aujourd'hui à mettre en place les projets caritatifs : le dispensaire médical gratuit, la clinique pour les premiers soins, les bourses d'études pour les étudiants nécessiteux et l'aide financière aux cinq cents enfants d'un orphelinat en faillite, situé dans une ville à proximité de l'ashram.

JE CHANTE MON CHANT

De nouveaux chants voyaient le jour en permanence. L'atmosphère de l'ashram était si propice à la composition de chants dévotionnels que la musique coulait à flots. Je continuais d'écrire quelques bhajans par-ci, par-là, mais j'étais trop timide pour les chanter. Un soir, alors qu'Amma chantait des bhajans dans le Kalari, elle se leva et se mit à faire les cent pas. Puis elle quitta le petit temple en demandant à chacun de chanter. Quand ce fut mon tour, je me penchai vers le joueur d'harmonium et lui murmurai « *Iswari jagad iswari* ». C'était la première fois que je chantais en public depuis « *rain, rain, go away* » il y a bien longtemps. Quand les premières notes furent jouées, je me ressaisis et chantai avec le maximum de dévotion et de concentration possibles.

J'avais si souvent chanté ce chant quand je voyageais pour mettre en place les tours du monde que les cinq premiers versets étaient gravés dans ma mémoire. Tout le monde chanta le refrain et je chantai les couplets toute seule. Quel moment de grâce que de chanter un chant d'Amma ! Bien des années plus tard, j'appris qu'Amma était assise tout près, sur les marches du perron de la maison familiale et qu'elle avait demandé : « Qui est en train de chanter ? » et on lui avait répondu : « Kusuma ». À quoi Amma avait rétorqué : « Mais vous m'aviez dit qu'elle ne savait pas chanter ! »

> *iswari jagad-iswari paripalaki karunakari*
> *sasvata mukti dayaki mama*
> *khedamokke ozhikkanne*

> O Déesse, Déesse de l'univers, Toi qui protèges,
> Toi qui donnes la grâce et la libération éternelle,
> délivre-moi de la douleur.

ORGANISATION DE LA TOURNÉE USA 1988

Février : il était déjà temps de repartir aux États-Unis pour la préparation de la deuxième tournée d'été d'Amma. En plus des douze villes déjà programmées, Amma avait accepté de se rendre sur invitation, dans deux nouvelles villes, Boulder (Colorado) où vivait la sœur de Swami Paramatmananda, et Temple (New Hampshire) où se trouvait une clinique tenue par une famille de dévots, Jani et Ganganath McGill. Comme Amma avait accepté ma suggestion de prévoir des retraites de méditation dans quelques endroits, il fallut les mettre en place. Cette année-ci, il n'était pas nécessaire d'effectuer une pré-tournée. Je devais toutefois me rendre en amont dans chaque endroit pour rencontrer les dévots et mettre au point l'organisation de la tournée des États-Unis 1988 d'Amma. Nous irions ensemble visiter les salles et les éventuels lieux de retraite. Quel changement au bout d'une année avec Amma ! Nous avions tous le même but et le même enthousiasme, comprenant ce que représentait la deuxième visite d'Amma.

ADVIENNE QUE POURRA

Dans chaque ville où je me rendais, nous présentions « A Day with Amma – Une journée avec Amma » et je préparais un repas dont les bénéfices serviraient à payer les frais de la tournée. Parfois, musiciens ou comédiens locaux organisaient un spectacle pour récolter des fonds, ou bien des artistes et des professionnels organisaient des ventes aux enchères, offrant leurs œuvres d'art ou leurs services. Ceux qui en avaient les moyens financiers contribuaient de leur poche. Il n'y eut jamais d'appels de fonds. Si certain posaient des questions par rapport aux donations, je ne m'étendais pas et leur parlais succinctement de l'ashram d'Amma en Inde et des œuvres caritatives qui y étaient gérées. Aujourd'hui encore, on ne met que deux boîtes pour les dons dans une salle de 1000 mètres carrés. On nous posait souvent la question suivante : « Où peut-on déposer un don ? » car il n'était jamais évident de trouver ces boîtes.

Il me vint l'idée d'imprimer des enveloppes pour la cérémonie de la Dévi-Atma puja qui se tenait la dernière nuit du dernier jour de programme de chaque ville. Ceci en réponse aux demandes de nombreuses personnes désireuses de pouvoir faire, en toute discrétion, un don à Amma à la fin de sa visite. Tous les programmes étaient gratuits, les tarifs des retraites étaient à prix coûtant et finançaient l'hébergement et les repas de chaque participant. Alors qu'aujourd'hui les séminaires spirituels qui fleurissent un

En compagnie de Hari Sudha et Suneeti

peu partout affichent des tarifs excessifs, les retraites d'Amma continuent d'être abordables. Tout avait été calculé à partir d'un budget très serré, et les dépenses étaient toujours en adéquation avec les dons, nous permettant ainsi de couvrir les frais liés aux locations de salles, à la nourriture, à la publicité et aux déplacements. Les mots d'Amma devenaient réalité « Ne demandez rien et tout vous sera donné ».

PADA PUJA ET ARATI

J'ajoutai deux cérémonies traditionnelles dans l'emploi du temps de chaque jour du programme : la *pada puja*, qui consiste à laver les pieds d'Amma lors de son entrée dans le hall et *l'arati* (faire tourner du camphre allumé devant la déité) à la fin du programme du soir. Amma n'y était pas très favorable, mais j'insistai en lui disant que les dévots seraient très heureux d'avoir l'occasion d'exprimer ainsi leur amour et leur dévotion. Alors Amma accepta. Nous utilisâmes un plateau ordinaire en cuivre pour l'arati ainsi que des ustensiles en cuivre ou en inox pour le rituel du lavage des pieds. Je vérifiais toutes les étapes de ces rituels lorsque je me rendais dans les différentes villes. Je sentais que chacun des enfants d'Amma devait avoir la chance de participer à ces rituels s'il le souhaitait, car cela les rapprocherait d'elle. Ils s'en souviendraient toute leur vie. On simplifia les choses au maximum. On leur expliqua le sens profond de ces rituels, encore pratiqués pendant les tours du monde d'Amma et chacun put y participer à tour de rôle.

Ils apportent beaucoup de joie aux dévots. Sur le chemin de l'amour, c'est grâce à l'adoration accomplie avec amour que le souvenir constant de notre Bien-aimé finit par s'éveiller et nous permettre d'accéder à l'état d'unité. Notre guru n'a pas besoin de ces rituels. Amma nous dit souvent que le soleil n'a pas besoin de la lumière de la bougie pour briller. Ainsi, le Seigneur et le guru n'ont pas besoin que nous les adorions. C'est pour notre propre bénéfice que nous pratiquons des rituels car ils purifient notre esprit et nous rapprochent ainsi de notre véritable nature. Toute action empreinte d'amour et de vénération pour le guru et la Vérité dans laquelle le guru est établi, nous purifie et crée un lien profond. Ceci est la quintessence du chemin de l'amour.

L'ÉQUIPE DE BÉNÉVOLES DE LA TOURNÉE 1988

Bien que nous n'eussions pas de *staff* officiel pour accompagner la tournée, un groupe de dévots fervents se constitua et se rendit disponible dans autant de villes qu'il le put pour aider à la préparation des programmes durant toute la tournée d'été. Tina et Nancy, bientôt renommées Hari Sudha et Suneeti, vinrent jusqu'à la côte Est et nous aidèrent entre autres à installer les salles et la décoration du Temple pour le Dévi Bhava. Ron Gottsegen, de Carmel, ne voulait manquer aucun des programmes de la tournée et aida à la sono en s'occupant de l'enregistrement et du mixage. Ron était prêt à faire tout ce qui était nécessaire : courir acheter des légumes, préparer le déjeuner, conduire Amma et les moines jusqu'au hall, ou gérer la logistique aux aéroports. Il était très gai et c'était très facile de travailler avec lui. Son humeur et son attitude très *zen*, avaient bien des fois déclenché l'hilarité d'Amma pendant le voyage. Nous avions deux chauffeurs bénévoles, Scott Stevens et Ramana Erikson qui traversèrent les États-Unis dans un camion Chevrolet à benne rouge transportant tout le matériel et l'approvisionnement et arborant sur toutes les portières le symbole OM-Zia. Le camion avait été généreusement prêté par Sheila Guzman pour toute la durée de la tournée des États-Unis de 1988.

Le symbole Om-Zia mérite qu'on en parle car il fut le symbole des premières tournées d'Amma et revient au goût du jour sur les drapeaux de prières et les tee-shirts. J'avais eu l'idée de l'utiliser pendant la pré-tournée alors que nous faisions des milliers de kilomètres en voiture. Je cherchais un logo symbolisant la rencontre Est-Ouest, que nous pourrions utiliser pour informer de la venue d'Amma en Occident. Le « Zia » est un symbole sacré de la tribu des Zuni Pueblo du Nouveau Mexique. Il représente le soleil qui donne la vie. Dans chacune des quatre directions partent quatre rayons représentant les quatre saisons, les quatre moments de la journée, les quatre points cardinaux et les quatre étapes de la vie : naissance, jeunesse, vieillesse et mort. À l'intérieur du cercle solaire Larry Kelley suggéra d'inscrire le symbole sanskrit « Om » – symbole originel et primordial de la création.

TROUVER UN LIEU POUR LE MA CENTER

Le plus grand événement de la tournée des États-Unis de 1988, fut qu'Amma donna sa bénédiction aux dévots de la Bay Area pour chercher un lieu où établir un centre résidentiel de méditation. Pour le bien de ses enfants qui vivaient et travaillaient si loin de l'ashram en Inde, pour la paix et l'élévation spirituelle des chercheurs, Amma donna son accord. Elle me demanda de rester en Amérique une fois la tournée terminée à la mi-juin pour les aider à trouver le lieu idéal. La première exigence d'Amma était d'accorder de l'importance à la Nature dans le choix du lieu.

Un comité de recherche fut constitué, avec Ron Gottsegen, Steve Fleischer, Bhakti Guest et moi-même. Nous avons commené à sillonner la Bay Area en compagnie d'un agent immobilier. Une douzaine de propriétés furent sélectionnées, mais celle qui émergea tout de suite du lot fut un ranch où l'on élevait du bétail. Ce ranch en activité était niché au creux du Crow Canyon de San Ramon. Les premières impressions sont souvent marquantes. La douzaine de robustes eucalyptus ‹debouts› alignés tout le long du chemin menant à la propriété, me fit penser à une rangée de dévots portant des plateaux d'arati pour éclairer le chemin en signe de

Préparation de la première visite d'Amma
à l'ashram de San Ramon en 1988

bon augure quand Amma arrive sur les lieux des programmes. Je sentis avec certitude que c'était le lieu idéal pour établir le Centre de Mata Amritanandamayi (MA Center) en Amérique. Les autres membres du comité partageaient le même sentiment. Nous avons donc décidé d'appeler Amma.

Il nous fallut un certain temps pour décrire la propriété et transmettre toutes les informations au moine qui traduisait. Il allait nous rappeler. Après un certain temps, le téléphone sonna. La réponse d'Amma fut très courte et on ne peut plus explicite. Si nous étions certains que c'était le lieu adéquat, alors Amma nous enverrait sa bénédiction. Point. Elle nous dit également que ce centre serait créé uniquement pour le bien du monde et non pour Amma.

Il ne nous restait plus qu'à obtenir l'autorisation d'installer un centre de méditation au beau milieu d'une vallée agricole. Toute la vallée du Crow Canyon était protégée par le Williamson Act qui ne permettait qu'un nombre très restreint d'activités sur les propriétés régies par cette loi. Nous avons enquêté dans les environs pour constater qu'il y avait un grand nombre de fermes, d'écuries et de pépinières. Il y avait bien un foyer pour jeunes en difficulté tout proche, mais rien d'autre dans les environs qui ne soit pas élevage ou culture.

Une nuit, alors que je méditais, une idée me traversa l'esprit. Repensant à mon diplôme universitaire en Sciences de l'Environnement, je me dis : « Et pourquoi ne pas transformer une ferme d'élevage en ferme agricole biologique qui ferait figure de modèle de développement durable en zone urbaine ? ». Ce serait un centre pédagogique dont l'activité principale serait la pratique de la méditation. Le centre Zen Green Gulch, situé à Marin Headland, avait un centre de méditation similaire.

Dès le lendemain matin, j'appelai Lynn Lanier, aujourd'hui Brahmacharini Rema Dévi, dévote et paysagiste diplômée de l'université de Berkeley en Californie. Nous avons travaillé ensemble et monté un dossier pour la propriété de Crow Canyon, afin de le présenter au comité d'inspection du district de l'Alameda lors d'une audience publique, pour l'obtention du permis nécessaire.

Après plusieurs semaines de travail méticuleux, nous étions enfin prêtes. J'enfilai un bleu d'agriculteur, dénichai une vieille paire de bottes de cow-boy ainsi qu'un chapeau et nous nous rendîmes en petit comité à l'audience. La proposition que nous avions écrite était longue d'une vingtaine de pages et mettait l'accent sur la plantation d'un verger, la création d'un grand potager qui procurerait un revenu grâce au marché des restaurants locaux, l'installation d'une serre et d'un jardin d'herbes aromatiques et de fleurs pour développer des techniques de gestion des nuisibles et pour servir également de matériel de base pour la confection de couronnes et de guirlandes décoratives vendues pendant les périodes de vacances. Apiculture, gelées et confitures, onguents et baumes naturels, retraites de méditation, stages gratuits d'apprentissage de techniques de jardinage biologique et projets communautaires d'entraide faisaient partie intégrante de notre proposition. Lorsque j'eus fini ma présentation qui avait duré 30 minutes, il y eut un silence. Un des inspecteurs du district fit alors la remarque suivante : « Eh bien, je pense que vous avez répondu à toutes les questions que nous aurions pu vous poser. »

Le seul voisin qui était venu à l'audience, peut-être dans l'intention de contester, réclama seulement que le projet d'apiculture soit retiré pour éviter que l'activité de son centre équestre n'en soit affectée, si les abeilles venaient à attaquer les chevaux ou les cavaliers. Cette concession fut immédiatement acceptée et le bureau des Inspecteurs accorda à l'unanimité le permis d'installation du MA Center à Crow Canyon. En tout et pour tout, les délibérations durèrent moins de 10 minutes. Et c'est ainsi que le MA Center trouva son emplacement grâce au don très généreux d'un humble dévot qui a choisi de rester anonyme. En tout premier lieu, nous avons appelé Amma pour lui annoncer la bonne nouvelle.

LIEU DE PÈLERINAGE – ASHRAM DE SAN RAMON

Les programmes de darshan du matin auraient lieu sur place, tandis que les programmes du soir avec les bhajans se dérouleraient un peu partout dans la Bay Area. En l'espace d'un an, nous avions démarré le chantier de construction de notre propre salle et Amma pourrait désormais mener tous les programmes sur place. Depuis 25 ans maintenant, des milliers de personnes sont venues à l'ashram de San Ramon pour recevoir la bénédiction d'Amma et se faire consoler. Cet environnement rempli de paix permet à chacun d'offrir un nombre incalculable d'heures de service désintéressé pour que les programmes s'y déroulent au mieux, de soutenir les projets humanitaires dans la Bay Area et d'offrir une aide matérielle aux projets d'Amma en Inde. À tel point, qu'Amma décréta que San Ramon serait un centre de pèlerinage, un sanctuaire sacré et un refuge, compte tenu de l'énorme sacrifice et du nombre de prières qui y ont été offertes.

Nous avions planté au tout début un modeste verger d'une trentaine d'arbres qui s'étend maintenant sur plus de huit hectares et continue aujourd'hui de s'agrandir. Jardins, potagers, serre et panneaux solaires ont été mis en place. Des ateliers de permaculture sont organisés pour encourager la communauté à travailler en lien avec la nature afin de ramener l'harmonie naturelle sur cette terre. Des douzaines de projets d'entraide ont été lancés à partir du MA Center. Ainsi, un nombre incalculable de dévots a bénéficié des enseignements spirituels d'Amma sans compter tous les bénéficiaires des projets eux-mêmes.

LA TOURNÉE DES ÉTATS-UNIS DE 1988

La tournée se déroula paisiblement cette année-là. Finalement, il y eut plus de vingt programmes. Après la visite d'Amma l'année précédente, la nouvelle avait circulé qu'il ne fallait surtout pas manquer son prochain passage. De fait, un nombre croissant de personnes vinrent la voir et recevoir sa bénédiction. Chacun a une histoire à raconter à propos de sa première rencontre avec Amma. Chacune d'elles raconte ce moment qui a changé leur vie. Un autre de mes rêves se réalisait en voyant ces torrents d'amour se diffuser.

L'amour divin en personne nous enseignait le chemin de l'amour. Amma étant établie dans cet état d'Unité suprême, notre cœur s'ouvre spontanément en sa présence. En pensant jour et nuit à Amma, nous avions travaillé dur pour qu'elle revienne parmi nous et en retour, elle allumait la flamme de l'amour dans nos cœurs. L'amour que nous éprouvions pour Amma nous revenait démultiplié. Oui, par le passé nous avions tous expérimenté l'amour terrestre, cet amour égoïste et souvent douloureux. Mais *Prema,* l'Amour suprême, qui sommeille au fond de nous, s'éveille lorsque nous rencontrons une grande âme comme Amma et cette expérience est vivifiante. C'est pourquoi la rencontre d'un être réalisé est si transformatrice. Si nous réussissons à garder cette inspiration et si nous suivons le chemin spirituel, alors nous progresserons de manière spectaculaire en sa présence. Nous pouvons bien sûr faire nos pratiques spirituelles de notre côté mais nous n'en récolterons pas les fruits aussi vite. Sans la présence d'un maître pour nous guider, nous nous leurrons en pensant que nous pouvons atteindre l'illumination par nous-mêmes ou même pire, que nous avons déjà atteint l'éveil. Le fait qu'Amma vînt de si loin pour rencontrer ses enfants et les guider par la main sur le chemin de l'amour avait un impact immense sur leur vie. Quelle bénédiction pour moi que de voir toutes ces personnes se transformer.

Je cuisinai beaucoup pendant cette tournée, et plus particulièrement lors des deux retraites. Amma vint elle-même préparer les légumes pour le repas du soir et servit le dîner le second jour de la première retraite, qui eut lieu au milieu d'une forêt de séquoias, pour le plus grand plaisir de tous ! C'est le moment préféré des dévots, une tradition qui continue encore aujourd'hui lors de chaque retraite d'Amma. Beaucoup de dévots parcouraient le pays pour assister aux programmes d'Amma, il y avait donc beaucoup plus de bras pour aider à installer et à nettoyer la salle, bien que nous n'eussions toujours pas d'équipe permanente. Dans la mesure où j'étais la signataire des contrats de location, je détenais les clés des salles et les ouvrais avant chaque programme. Je devais également m'assurer de la bonne fermeture des lieux chaque soir. Parfois le soir, si le darshan avait duré longtemps et qu'il y avait un couvre-feu pour la fermeture, Amma montrait elle-même l'exemple aux dévots pour qu'ils rangent la salle et qu'ils remballent les livres et la sono.

À la fin de la tournée des États-Unis 1988, Amma accepta l'invitation de Los Angeles et de Maui et ajouta ces deux nouveaux programmes aux quinze autres villes déjà prévues pour la tournée 1989. Dans la foulée de cette tournée rallongée, Amma allait s'envoler directement pour la tournée européenne qui allait dorénavant inclure Londres, Paris, Zurich et l'Allemagne.

GRAND CHANGEMENT

En un clin d'œil, une année s'écoula et nous fûmes en 1989. Je passais de moins en moins de temps en Inde avec Amma car je devais coordonner de plus en plus à l'avance ses tournées. J'eus cependant la chance d'être avec Amma lors de sa première visite à New Delhi et à Calcutta et d'être présente pour la consécration du temple Brahmasthanam de New Delhi, un souvenir que je chéris. Au moment même où ma présence en Inde se raréfiait, il était gratifiant de voir le nombre d'occidentaux qui s'y rendaient pour passer du temps auprès d'Amma. Leurs visages rayonnaient de la paix que seules les pratiques spirituelles apportent. Des chercheurs venaient du monde entier pour devenir renonçants à l'ashram et mener une vie de service désintéressé auprès d'Amma, qu'ils considéraient comme leur guru. La Mère divine se reliait à ses enfants, c'était clair.

L'énergie d'Amma permettait de répondre et d'anticiper tous les besoins du moment. En voyageant avec Amma, en restant assise auprès d'elle à la fin de chaque programme et en discutant de la façon dont les choses se déroulaient, je m'émerveillais continuellement de voir son mental si calme. Rien ne pouvait affecter son niveau énergétique, rien ne pouvait la troubler. Elle était remplie d'énergie et en pleine conscience. Les tours si épuisants de l'Inde et de l'étranger continuaient et pourtant Amma conservait toute son énergie. C'est nous, ses enfants, qui avions de la peine à suivre son rythme ! Quand je repense au calendrier des tournées, ce n'était qu'une succession ininterrompue de programmes, sans aucune journée de repos, et ceci depuis la mi-mai jusqu'à la mi-juillet. Elle enchaînait ensuite avec la tournée européenne ! Si j'essayais d'intercaler un jour libre entre les programmes afin qu'Amma puisse se reposer, aussitôt elle le remarquait et programmait autre chose à la place.

Comme il devenait évident que les tours du monde auraient lieu chaque année, le travail prit rapidement de l'ampleur pour pouvoir tout inclure. Il me fallait doubler les quantités quand je préparais les repas pour les retraites, car les salles étaient un peu plus grandes. Nous rajoutâmes deux nouveaux haut-parleurs à la sono. On nous offrit un 4x4 Chevrolet tout neuf pour transporter le matériel de la tournée. Amma tenait à ce que je participe à la tournée d'Europe et j'eus finalement la chance d'être présente aux programmes de Schweibenalp et de Zurich, deux endroits où j'avais projeté « *Une journée avec Amma* » en 1986.

UN SEUL TOUCHER

À la fin du Dévi Bhava qui s'était tenu à la Cathédrale St John le Divin au cœur de New-York, il se passa quelque chose de très intéressant dans la voiture, alors que je conduisais Amma et le groupe de New-York à Boston. Il y avait eu énormément de monde au programme et le soleil se levait quand je mis le van en marche et que nous quittâmes les lieux. Il commença à bruiner alors que nous traversions un dédale de virages à angle droit et de chantiers de construction pour sortir de la ville et emprunter le pont qui nous ouvrirait la route en direction de Boston. Cela me demandait beaucoup de concentration car nous n'avions personne pour nous guider et j'avais dû mémoriser l'itinéraire à prendre au centre-ville pour ne pas me perdre. Une conversation des plus intéressantes semblait se tenir à l'arrière du van, aussi demandai-je à mon co-pilote, Swami Purnamritananda, de traduire. Apparemment, un des moines demandait à Amma s'il était bien nécessaire de continuer à voyager à ce rythme-là et d'aller chaque année dans les mêmes lieux. Amma allait bientôt achever sa troisième tournée, alors pourquoi ne pas se contenter de rester désormais en Inde ? Les programmes pourraient avoir lieu à l'ashram en Inde ; maintenant que les enfants spirituels d'Amma l'avaient rencontrée, ils viendraient sûrement en Inde. Était-il vraiment nécessaire qu'Amma s'impose un emploi du temps si épuisant tous les ans ?

La réponse d'Amma ne se fit pas attendre. « Fils, si tu veux rentrer à l'ashram pour méditer, c'est très bien. Mais la vie d'Amma n'est faite que pour cela. Si Amma touche le cœur d'une personne ne serait-ce qu'une seule fois, cela change définitivement sa vie. Même si les personnes ne viennent vers elle qu'une seule fois, c'est suffisant. Amma a fait le *sankalpa* d'étreindre le plus de personnes possibles dans le monde. Amma continuera à le faire jusqu'à son dernier souffle. »

Un silence profond s'installa dans le van ; on entendait uniquement le bruit rythmé des essuie-glaces qui allaient et venaient. Et il en fut ainsi. En route vers l'est pour Boston, nous avons avalé les kilomètres, portés par le message émouvant d'Amma.

CENTRE AMMA DU NEW HAMPSHIRE

En juillet 1989, la tournée d'Amma se termina sur la Côte Est, à Temple dans le New Hampshire, dans le centre de bien-être de Jani et Ganganath McGill qui devint bientôt « Centre Amma du New Hampshire ».

Le lien que Jani avait avec Amma depuis sa première rencontre en 1987 était très beau. Elle a toujours été et reste encore aujourd'hui d'une grande aide dans l'organisation des tournées des USA. Sa famille fit toujours tout ce qu'il fallait, qu'il s'agît d'accueillir la première retraite de la Côte Est dans leur centre ou bien de passer des semaines à nettoyer leur grange afin que le darshan du Dévi Bhava puisse s'y dérouler.

Je crois aussi que les McGill sont les seuls dévots au monde à avoir eu la grande chance de célébrer guru Purnima chez eux, dans leur spacieuse salle de méditation, en présence d'Amma elle-même. Comme la tournée des États-Unis se terminait en ce jour très favorable de pleine lune, avant le départ d'Amma pour l'Europe, ils eurent l'honneur d'accueillir une poignée de dévots qui se réunirent pour célébrer cette fête, qui pour un disciple est le jour le plus sacré de l'année.

Nous avons vécu chez eux un autre grand moment. La tournée des États-Unis 1989 était terminé et chacun se préparait à prendre l'avion pour l'Europe dès le lendemain. Amma me donnai des instructions concernant la tournée de l'année suivante, puisque je restais quelque temps en Amérique, afin de mettre en place la tournée 1990, avant de rentrer en Inde à l'ashram. C'est à ce moment-là qu'Amma donnait son accord pour ajouter de nouvelles villes à la programmation de l'année suivante et qu'elle me donnait toujours de nouvelles idées.

NOUVELLES IDÉES...

Cette année-là ne fit pas exception, mais personne n'aurait pu deviner ce que notre Amma bien-aimée avait en tête ! Elle me demanda d'aller visiter de nouveaux lieux, seulement cette fois-ci, il ne s'agissait pas de villes mais de pays ! Je devais donc aller au Canada, au Japon et en Australie pour y préparer les premiers programmes. Amma me dit que là-bas, ses enfants se languissaient de sa présence et qu'il était désormais temps pour elle d'aller les rencontrer. Je pensai « D'accord, seulement nous ne connaissons personne dans ces pays ». J'acquiesçai cependant sans hésiter. La première tournée d'Amma avait été mis sur pied de cette façon et l'expérience m'avait montré qu'avec la bénédiction d'Amma, tout était possible. Pas besoin d'en dire plus, Amma allait montrer le chemin.

L'organisation de la tournée 1990 des États-Unis ne posait pas de problème, il n'y avait qu'une seule ville nouvelle, Dallas. Le grand changement toutefois, c'est qu'il fallut insérer cinq retraites dans l'agenda de la tournée, à Maui, Los Angeles, San Ramon, Seattle et Temple (au New Hampshire). Sans équipes fixes, sans téléphones ni ordinateurs portables, il fallait absolument pouvoir compter sur l'aide d'un grand nombre de dévots dans chaque ville pour mettre en place la tournée d'été. Je passai le plus clair de mon temps à caler le programme avec les neuf équipes régionales, à me rendre auprès d'elles pour trouver les structures idéales, cuisiner pour un dîner de bienfaisance et rencontrer les familles qui allaient héberger Amma et les moines. Cette année-là, les retraites allaient demander beaucoup de travail en cuisine, et en tant que chef cuisinier, je devais dès à présent dresser des listes très précises, car pendant la tournée j'aurais bien autre chose à gérer. Courant septembre, j'avais achevé mes déplacements, satisfaite de l'état d'avancement des choses concernant la tournée des Etats-Unis.

Au Canada, je ne rencontrai pas de problème non plus. Je fis la connaissance d'une famille de Vancouver qui avait vu Amma à Seattle en mai. Ils furent transportés de joie en apprenant qu'Amma viendrait à Vancouver lors de la prochaine tournée et qu'ils pourraient héberger Amma et le groupe chez eux. Aussitôt, ils se mirent à préparer le futur programme d'Amma et s'entourèrent d'amis prêts à donner un coup de main. Tout se mettait en place pour que le programme de Vancouver soit réussi et je pouvais maintenant porter mon attention là où il le fallait réellement.

LES RUBIK'S CUBES

Cet automne-là à San Ramon, j'eus presque constamment l'esprit tourné vers le Japon et l'Australie. Je souhaitais qu'Amma s'y rende avant d'aller en Amérique afin d'économiser sur les billets d'avion. Nous pouvions encore acheter à bon prix des billets d'avion « tournée du monde » avec dix escales. Le prix n'augmentait pas beaucoup si nous faisions un détour au sud par l'Australie. Il était donc tout à fait envisageable qu'Amma s'y rende. Pour cela, il fallait programmer ces destinations en mai, au tout début de la tournée, ce qui ne me laissait pas beaucoup de temps car j'espérais passer quelques mois en Inde auprès d'Amma. Il me restait donc environ trois mois pour planifier les programmes dans ces deux nouveaux pays.

Amma m'avait offert deux Rubik's cubes nommés Australie et Japon. Je n'avais qu'une seule adresse pour l'Australie. Il s'agissait de Patricia Witts de Sydney ; elle était venue voir Amma l'année précédente au Kérala. En ce qui concernait le Japon, nous n'avions absolument aucun contact. Il n'était pas difficile d'écrire à Patricia Witts, pas de problème. Je me présentai et lui fis savoir qu'Amma allait venir l'année suivante en Australie au mois de mai. De fait, j'allais me rendre à Sydney juste après le Nouvel An pour mettre en place la visite d'Amma. Était-il possible de la rencontrer et d'organiser sur Sydney une ou deux projections vidéos ? Souhaitait-elle m'aider ? « Oh oui, ce serait magnifique » répondit-elle. Pour moi, c'était suffisant pour aller de l'avant et je cessai de m'inquiéter en ce qui concernait l'Australie. Une fois sur place, la grâce d'Amma coulerait, comme toujours.

Pour le Japon, ce fut une autre paire de manches. Je commençai par écrire à quelques centres de méditation et groupes philosophiques dont j'avais trouvé les coordonnées au dos de livres de la librairie Shambala de Berkeley dans Telegraph Avenue. J'écrivis même au fondateur du mouvement « One Straw Revolution », un agriculteur biologique partageant des convictions spirituelles liées à la Mère Nature, dans l'attente d'un soupçon de réponse. Je n'en reçus aucune. Sans trop y croire, je me rendis au centre de San Francisco dans le quartier japonais. En arpentant les rues, je jetai un œil dans les boutiques et les cafés, et lus les petites annonces sur les tableaux d'affichage. Je finis par rencontrer dans une librairie obscure une personne qui s'intéressait à la méditation. Nous parlâmes d'Amma et je l'informai de sa prochaine visite au Japon. Connaissait-il quelqu'un susceptible d'être intéressé ? Était-il lui-même intéressé ? Oui, oui, répondit-il. Je le conduisis à l'ashram de San Ramon pour qu'il puisse regarder des vidéos sur Amma et qu'il ait un peu plus d'informations sur la visite programmée d'Amma. Il fut très touché et donna sur le champ plusieurs coups de fil au Japon pour tenter de me trouver un contact. Il déploya beaucoup d'efforts, mais en vain. Il ne pouvait pas faire grand-chose d'autre pour m'aider. Cela faisait bien longtemps qu'il avait quitté le pays. Mais il me donna quelques adresses de personnes qu'il connaissait sur Tokyo. Je pouvais leur écrire. Ce n'était pas grand chose, mais c'est tout ce que j'avais pour aller de l'avant.

C'est ce que je fis. Au total, j'envoyai sept lettres. Nous étions au début du mois de décembre 1989. Chaque jour, je regardai le courrier du MA Center espérant une réponse en provenance du Japon. Rien. Je savais que le temps passait. Mon billet pour Tokyo avait été réservé pour le 9 janvier. De là, je prévoyais de m'envoler pour l'Australie pour rencontrer Patricia le 18 janvier. Le 27 je repartirais pour la Malaisie pour essayer de mettre sur pied un programme là-bas, puis je comptais revenir auprès d'Amma le 8 février et me joindre à la tournée du Nord de l'Inde déjà commencée. J'espérais sincèrement que je m'étais laissé suffisamment de temps.

Nous avons fêté la nouvelle année. Rien. J'allais devoir m'envoler pour Tokyo les mains vides et arriver là-bas en plein hiver. Quand j'étais arrivée cinq ans plus tôt aux États-Unis pour préparer la première visite d'Amma, je pouvais compter sur la famille et les amis. Un intense sentiment de détachement me submergea. J'étais à court d'idées, et il ne me restait plus qu'à préparer mon petit sac de voyage et à prier. Je versai des larmes pour le Japon.

ASHRAM DE SAN RAMON

7 janvier 1990

Victoire, jour de gloire ! Une lettre venait d'arriver du Japon ! Elle provenait d'une jeune japonaise du nom de Masako Watanabe de Tokyo. C'était une courte lettre dans laquelle se trouvait une drôle de carte de crédit plastifiée. Elle écrivait :

Chère Kusuma,
J'ai bien reçu votre lettre et ce que vous faites m'intéresse. Je joins une carte téléphonique prépayée pour que vous puissiez m'appeler à votre arrivée à l'aéroport Narita.

Avec mes sincères salutations,
Masako Watanabe

Cela me suffisait pour avancer. Étrangement, je pressentais que le programme du Japon se confirmait, comme me le laissait penser cette courte missive. Une seule personne dans une ville (ou pays !) et la grâce d'Amma s'écoulerait. Patricia en Australie et Masako au Japon. Je n'avais jamais vu de carte téléphonique avant celle-ci. Je l'observais sans cesse avec émerveillement et je remerciai Amma de travailler de manière si extraordinaire. Mon cœur était certain que tout était sur de bons rails.

TOKYO

Et ce fut le cas. J'appelai Masako deux jours plus tard à mon arrivée et elle vint me chercher depuis la banlieue Shinjuko pour m'amener dans son tout petit appartement, situé en plein centre de l'immense Tokyo, appartement tout juste assez grand pour installer 15 matelas de tatamis par terre. Elle m'hébergea pendant que j'organisai la première visite d'Amma au Japon. Son anglais était parfait et nous nous entendîmes tout de suite très bien. Au lycée, elle avait participé à un programme d'échange scolaire avec les États-Unis, et c'était pour cette raison qu'elle m'avait envoyé une carte téléphonique. Elle avait souhaité parler américain avec l'auteur de cette lettre surprenante ! Elle ne pouvait pas savoir qu'elle allait devenir la première traductrice d'Amma à Tokyo et allait travailler avec Koizumi-san du Tokyo Women's College, le lieu qui accueillerait le premier programme d'Amma au Japon, du 28 au 30 mai 1990.

L'année suivante, Amma envoya Brandon Smith (maintenant Brahmachari Shantamrita) pour organiser sa deuxième visite au Japon. Depuis lors, il continue de servir Amma dans son centre japonais et ailleurs dans le monde.

SYDNEY ET MELBOURNE

Je fus très soulagée d'arriver à Sydney. Après avoir surmonté tant d'obstacles au Japon, là tout semblait possible.

Patricia Witts était une femme entre deux âges très agréable, mère de trois grands enfants. La réunion pour montrer la vidéo, chez elle à Chatsworth fut magnifique, et une autre fut organisée dans le voisinage.

Ensuite, avec un enthousiasme pragmatique et tranquille, elle se fit à l'idée de devenir la première hôtesse d'Amma à Sydney, tout en sachant parfaitement ce que cela exigeait. Après tout, elle avait été accueillie chez Amma au Kérala, alors pourquoi ne lui rendrait-elle pas la pareille, pensait-t-elle. Il n'y avait pas de temps à perdre. Nous nous sommes donc mises en quête d'une salle dans la région de Chatsworth, près de la maison des Witts, chez qui Amma allait être hébergée.

Patricia avait aussi pris contact avec quelques personnes à Melbourne. Nous réservâmes donc une place pour moi dans un bus allant vers le Sud, pour que je puisse y présenter la même vidéo. Un groupe de chercheurs spirituels, charmants et dotés d'une grande maturité, m'accueillit à Melbourne. Ils méditaient depuis des années, participaient à des satsangs et faisaient des pèlerinages avec différents maîtres indiens. La projection de la vidéo se déroula chez eux.

James Conquest, Eugenie Maheswari Knox et Campbell McKellar étaient tous présents ce soir-là, et sont toujours au service d'Amma. Ils l'accueillent régulièrement dans ce qui est aujourd'hui le Centre Mata Amritanandayi de Melbourne. Après dix jours pleinement consacrés à la recherche de salles, aux projections vidéos, à des réunions, et à leur montrer les listes établies pour organiser la tournée des États Unis, tous ceux que j'avais rencontré en Australie étaient prêts à faire le nécessaire pour accueillir Amma en mai. Au moment de prendre l'avion de retour pour l'Inde, j'avais le sentiment d'avoir posé des bases solides pour une bonne tournée « Amma en Australie » en mai.

CHAPITRE 9

Automne 1990

Tarangayita apime sangat samudrayanti

Elles (les tendances négatives) ne sont au début que des vaguelettes mais se transforment en océan sous l'effet de mauvaises fréquentations.

Narada Bhakti Sutras, Verset 45

J'avais voyagé non-stop pendant cinq années pour organiser les programmes d'Amma de par le monde. Mon service était devenu mon unique pratique spirituelle et l'équilibre merveilleux de mes jeunes années auprès d'Amma s'était érodé par manque de *shradda* ; plus de méditation, de satsangs ni d'étude, tout cela s'était envolé au vent comme les feuilles fanées d'une branche desséchée. En plus, j'avais peu à peu abandonné le yoga et l'étude du sanskrit. Nous étions tous occupés à servir. *Je vivais et je respirais continuellement en Amma, donc pas de souci à se faire,* pensait mon ego et je négligeais le cœur de ma pratique.

C'est à cette période que des pensées négatives commencèrent à m'assaillir sans prévenir. Au début, elles ne firent que vagabonder dans mon esprit, elles bourdonnaient comme un moustique. Sous-estimant leur puissance cumulée, je les ignorais et les chassais dans les recoins sombres de mon mental. Mais elles revenaient toujours. Soudain, je voyais les défauts de tous ceux qui m'entouraient. Je trouvais celui-ci agaçant, tel autre paresseux ou c'était un bénévole qui arrivait en retard et tout cela m'énervait.

La jeune femme qui a fini par quitter l'organisation, celle que je devais ménager en raison de sa jalousie, me semblait hypocrite ;

elle se laissait flatter par les gens qui voulaient se rapprocher d'Amma, puis elle disait du mal d'eux dans leur dos. Elle était très aimée et respectée mais elle était manipulatrice et autoritaire. Tout cela s'accumulait et me mettait hors de moi.

Ces pensées et situations a priori insignifiantes commencèrent à s'amonceler lentement et à empoisonner ma vision des choses. C'est ce qui se passe avec les pensées négatives : si nous n'y prenons pas garde, nous nous laissons peu à peu aller à l'auto satisfaction ; elles induisent un état d'esprit négatif. Rapidement, toutes nos perceptions sont faussées par un filtre négatif. Sans le savoir, nous sommes pris au piège d'un tourbillon de négativité. Aspirés dans cette spirale, de mauvais choix en mauvais choix, nous tombons de Charybde en Scylla. Un beau jour, nous nous noyons dans les conséquences incontournables de nos choix.

Comme Sri Krishna le dit sans détour à Arjuna dans les versets 62-63 du second chapitre de la Bhagavad Gita:

Dhyayato visayanpumsah sangastesupajayate
Sangatsanjayate kamah kamat krodho'bhijayate

À force de s'attarder sur les objets des sens,
l'attachement survient.
L'attachement engendre le désir,
et le désir engendre la colère.

Krodhad bhavati sammohah sammohat smrti vibhramah
Smrti bhrams'ad buddhinas'o buddhin asat pranas'yati

La colère engendre l'illusion,
l'illusion fait perdre la mémoire,
la perte de la mémoire détruit le discernement.
Le manque de discernement engendre la mort.

En 1990, je me retrouvai profondément embourbée dans le marécage que je m'étais fabriquée. Émotionnellement vidée par mes pensées négatives, alourdie par toutes les pensées que je ruminais, physiquement épuisée à force de voyager sans cesse, spirituellement desséchée par l'abandon de mes pratiques spirituelles, je ne voyais pas que j'étais en danger. Je ne fis pas l'effort de contacter l'un des aînés spirituels qui m'avaient été si chers et qui m'avaient toujours soutenue contre vents et marées. Le pire, c'est que je ne me confiai même pas à Amma. Au contraire, une fierté ridicule qui me poussait à cacher aux autres mon agitation mentale, me conduisit à mon insu à un carrefour dangereux. En un mot, l'ego, que j'avais résolu de transcender, était au contraire devenu mon plus proche confident.

Plus mon cœur se fermait, plus je m'éloignais d'Amma. Mes idées noires se nourrissaient d'elles-mêmes. Ce fut une année de misère auto-infligée et de conflit intérieur. Les autres passaient des moments merveilleux ; il y avait des programmes dans le monde entier. L'Amérique, le Canada, l'Europe, l'Australie, Singapour et le Japon avaient ouvert leurs cœurs et leurs bras à Amma. Mais pauvre de moi, je me recroquevillais sur moi-même et m'apitoyais sur mon sort.

En y repensant, je sais que d'autres se sont aperçu des difficultés que j'éprouvai cette année-là. Certains me dirent plus tard que j'avais fermé toutes les portes ; personne ne pouvait franchir le mur que j'avais dressé. Je n'écoutais rien, et ne permettais à personne, pas même à Amma, d'entrer. Finalement, profitant de mon état de faiblesse, le désir dressa sa tête hideuse et m'avala toute entière. Il me mâcha et me recracha à terre de l'autre côté, bien loin d'Amma.

Des rêves troublants m'assaillirent, des fantasmes, la relation parfaite, la vie parfaite, n'importe quoi pourvu que je puisse échapper à l'ironie du sort dans lequel j'étais empêtrée : j'avais tout ce dont j'avais toujours rêvé, je servais Amma au maximum, mais j'avais perdu le désir d'atteindre le but. Tout me semblait ennuyeux, contradictoire. J'avais perdu mon humilité, mon équilibre, mon objectif. Ma nature entêtée me fit prendre une série de décisions malheureuses qui résonnent encore dans ma vie, bien que maintenant je puisse enfin percevoir l'harmonie sous-jacente. Mais je ne le compris que plus tard. Beaucoup plus tard.

À l'époque, je me laissais aller au petit jeu des reproches. Pour simplifier, je commençais subtilement à rendre les autres responsables de ce qui m'arrivait. Lorsque nous commençons à projeter à l'extérieur notre processus interne en accusant les autres d'être la source de notre malheur, nous avons atteint le summum de l'illusion. Il s'agit du syndrome stéroïdien, du « pauvre de moi », qui nous plaque au sol plus vite qu'un ouragan frappant la côte de la Nouvelle-Orléans. C'est un état d'esprit brutal, impitoyable, qui n'épargne personne, au bout du compte pas même soi. La destruction qui sévit lorsque nous oublions la vérité, *tat tvam asi*, "Tu es Cela" est dévastatrice. Les repères, les mesures de notre vie spirituelle sont perdus. Nous nous lançons dans tout ce que nous devrions rejeter, nous rejetons ce dont nous avons le plus besoin.

Prenez de la colère, du ressentiment, un ego débridé et de l'autosatisfaction, mélangez-les avec un petit peu d'apitoiement sur soi, ajoutez-y un bon morceau d'entêtement … et vous avez une recette qui vous mène tout droit à la catastrophe. Au début, il s'agissait de choses insignifiantes, j'étais blessée, je me sentais incomprise et mal aimée, je devenais désagréable et me mettais en colère, je trouvais les autres mesquins et malhonnêtes, mais cela finit par faire beaucoup. Et puis, comme les Lilliputiens de Gulliver, ces petites choses finirent par me renverser complètement.

Il m'a fallu des années pour saisir à quel point ma vision d'alors était faussée. Au lieu de regarder mes propres défauts, j'étais trop occupée à chercher ceux des autres. Je ne comprenais pas pourquoi Amma tolérait ce comportement auprès d'elle. Bien plus tard, je me rendis compte que cela ne signifiait pas qu'elle l'acceptait.

Cela servait de machine à polir les pierres, les aspérités des uns limaient les côtés durs des autres. C'est souvent le cas quand on vit en communauté. J'avais besoin d'apprendre à ne pas critiquer autrui, moi qui avais tant de mal à extirper mes propres défauts. J'aurais mieux fait de garder les yeux bien fixés sur le guru et de ne pas me laisser aveugler par les défauts de quelqu'un qui n'était proche d'Amma qu'en apparence. Il était évidemment plus facile de rendre les autres responsables des problèmes que j'avais créés par mon entêtement, mon arrogance et ma colère, que de regarder en moi. Ce style de reproches et de projections, ajouté à l'hostilité qui couvait en moi depuis un an, provoquèrent une énorme tempête.

Nous manquons parfois de la maturité nécessaire pour comprendre les leçons spirituelles en douceur et avec élégance : c'était certainement mon cas. En septembre 1990, après avoir achevé les premiers préparatifs de l'organisation de la tournée des États-Unis 1991, je laissai les projets d'organisation et d'itinéraire en plan sur mon bureau à l'ashram de San Ramon. Dans un classeur à trois trous, j'avais rangé soigneusement tous les contacts régionaux des différents pays, ainsi que les notes que j'avais rédigées méticuleusement depuis cinq ans concernant l'organisation de la tournée et des retraites, les recettes, etc. Je posai le classeur sur mon bureau à côté de la maquette générale de la tournée des États-Unis 1991. Je n'avais pas l'intention de laisser la tournée d'Amma aller à vau-l'eau, simplement parce que moi, je partais à la dérive. En quittant le bureau, je dis aux résidents qui travaillaient à proximité : « Il y a quelque chose sur mon bureau dont vous allez avoir besoin. » Je dis au-revoir au moine qui gérait le centre, en lui expliquant que j'avais besoin de « faire une pause ». Je chargeais mes quelques affaires dans la voiture de ma sœur et je partis.

C'est ainsi que je quittai Amma, sans avoir dit grand chose à celle qui avait compté le plus dans ma vie, à celle qui m'avait donné tout ce dont j'avais besoin. Ce fut la fin téméraire et malheureuse d'une époque magnifique de ma vie.

CHER JOURNAL

La première chose que je fis après avoir quitté l'ashram de San Ramon fut d'écrire dans mon journal intime et de noter ce que je considérais être la cause du problème. J'avais roulé jusqu'à Mendocino sur la côte nord de la Californie. Je me souviens d'avoir regardé la mer remonter doucement l'estuaire à Point Mendocino. C'est dans ce cadre apaisant que je m'arrêtai pour reprendre mon souffle. Le mélange d'eau salée et d'eau douce favorisait la biodiversité et l'abondance de vie. J'eus mes trente ans au bord de la rivière, puis je partis vers l'Est : retour au Nouveau Mexique, là où tout avait commencé. Je trouvai du travail dans un restaurant et un toit. Je rangeai mon journal dans un coin, j'oubliai bien vite où il était rangé et puis je l'oubliai tout court.

J'eus un petit-ami. La relation vira à la catastrophe. J'enterrai mes meilleurs souvenirs. Je ne fis aucun effort pour entrer en contact avec Amma et lui demander conseil. Je ne participais pas au groupe de satsang qui se réunissait non loin de là à Santa Fé. D'une certaine façon, je cessai d'écouter mon cœur. Je construisis une forteresse dans ma tête afin de ne pas me laisser envahir par l'autocritique, et de pouvoir faire ce que je voulais. Mais qu'est-ce que je voulais vraiment ? Un observateur serait pardonné de penser que j'étais décidée à saboter ma vie. Je vécus ces mois-là comme si plus rien n'avait d'importance. Le cynisme ambiant de l'époque servait à merveille de décor à mon égocentrisme et à mon caractère ombrageux. Personne ne pouvait me dire quoi que ce soit, et de toutes façons, je ne voulais rien entendre.

J'avais choisi de faire cette pause mais curieusement, je récitais toujours mon mantra, comme si une partie de moi, voyant ma vie spirituelle s'effilocher, refusait de lâcher complètement.

Peut-être était-ce la peur inconsciente d'oublier mon mantra et de ne jamais retrouver le chemin vers Amma. J'étais en train de saccager ma vie, je percevais cependant tout au fond comme un pouls qui battait à peine. J'éprouvais toujours de l'amour pour Amma et j'espérais qu'elle me pardonnerait et me sauverait. Tant bien que mal, une année s'écoula de la sorte.

Au cours du nettoyage de printemps de l'année suivante, en 1992, je tombai sur le journal que j'avais écrit le jour où j'étais partie de l'ashram de San Ramon. Je m'assis pour le lire et je reçus un choc. Dans chacune de mes doléances, je ne faisais qu'accuser quelqu'un d'autre ! Souvent, c'étaient mes perceptions erronées qui avaient provoqué les situations qui m'avaient fait souffrir. À ce moment, je vis clairement la vérité. Soudain j'étouffai et les larmes commencèrent à couler sur mon visage. Dégoûtée de moi-même, je restai très longtemps assise là, prostrée.

Puis je pris une décision. Poussée par un élan violent et irré-sistible, je me dirigeai vers la Mesa Taos et récoltai des brassées de sauge sèche, creusai avec soin un trou et y allumai un feu. Il s'enflamma d'un coup, comme le fait la sauge, et je brûlai mon journal. Je résolus fermement, en fait je fis vœu, d'être honnête avec moi-même. J'allais faire une liste, une liste différente qui ne concernerait pas les autres, mais qui me concernerait moi. Cette nuit-là, je compris que le bonheur est un choix, pas un cadeau qu'on nous donne. Et je compris que la guérison véritable ne se produit que lorsqu'on cesse d'accuser les autres et qu'on commence à pardonner, à soi-même et aux autres.

Avec le recul, le jour de cette prise de conscience, on pourrait croire que je n'étais qu'à deux doigts de me retrouver dans les bras d'Amma. Mais la boîte de Pandore a une fâcheuse tendance à ne pas vouloir se refermer une fois ouverte. Nous, les chercheurs spirituels, sommes des êtres humains et à ce titre, nous sommes un curieux mélange de libre arbitre et de destin. Il n'est facile ni d'exercer le premier ni de manipuler le second. Si nous nous entêtons à décider de notre chemin, nous pouvons être sûrs que l'univers s'arrangera pour qu'il nous faille plusieurs années karmiques avant que la boucle ne soit bouclée comme nous le souhaitons.

À partir de ce moment, je commençai à pleurer. Du fond de mon âme, je pleurais pour qu'Amma me sauve, qu'elle me sorte de l'eau boueuse où je m'étais précipitée. Qu'elle me donne la force d'âme de revenir, de ne pas oublier qu'il n'est jamais trop tard pour revenir à la spiritualité. J'avais suffisamment souffert pour savoir que les vérités enseignées par Amma étaient bien vraies. Personne ne pourrait jamais m'aimer d'un amour aussi pur que le sien. Impossible de rencontrer tant de grâce ailleurs que dans les légendes. Comment avais-je pu succomber à l'amnésie, moi qui avais vu Amma guérir Dattan le lépreux ? Comment avais-je pu être hypnotisée à ce point par *maya* – l'illusion de la réalité – le clinquant éphémère du monde ?

Je rassemblai mon courage, décidai qu'il était temps de faire face. Je me promis d'assister cet été à un programme de bhajans lors de la prochaine tournée des États-Unis. À vrai dire, j'étais angoissée à l'idée d'aller voir Amma. Comment réagirait-elle ? Que diraient les autres ? En dépit de tout ce bavardage intérieur, honnêtement, à ce stade j'avais encore plus peur de ne pas revoir Amma !

Je m'étais rendue à Berkeley, pour retrouver d'anciens étudiants « dix ans après ». Je sentis monter en moi le besoin irrésistible de voir Amma. J'avais parlé à quelques vieux amis de fac de mon expérience auprès d'Amma, et comme aucun d'entre eux ne l'avait rencontrée, je pouvais évoquer mes souvenirs relativement tranquillement devant eux... jusqu'à ce qu'une de ces amies me dise : « Hé, Amma est en ville. Allons assister à un programme ! » Je sentis mon estomac se nouer à double tour, j'avais la peur au ventre. Étais-je prête ? Était-ce si simple ? Assister à un programme, c'est tout ? Aller voir Amma ! Comme des centaines d'autres personnes, cette même nuit… nous avons pris la route.

BERKELEY 1992

Kannunir kondu nin padam kazhurkam
katyayani ni kaivitalle…

Avec mes larmes je Te laverai les pieds, O Katyayani
Mais s'il Te plaît, ne m'abandonne pas ..

Amritanjali, Volume Un

Le programme avait lieu ce soir-là près du campus de l'Université de Berkeley où j'avais si souvent traîné mes guêtres et organisé d'innombrables programmes pour Amma. En théorie, j'aurais pu être assez sereine. Mais tel ne fut pas le cas. Je paniquai complètement en passant la porte. Au loin, je vis deux de mes plus chers amis qui venaient dans ma direction : Swamiji et Bramacharini Nirmalamrita, ma vieille amie de la première projection vidéo de 1986. Aussi incroyable que cela puisse paraître, je m'enfuis en courant, la queue entre les jambes. J'étais prête à revoir Amma, mais pas mes chers frères et sœurs. J'avais très peur de leurs réactions. Imaginez la surprise de mon amie de la fac lorsqu'elle se retrouva toute seule ! Elle me rattrapa et me demanda : « Qu'est ce qui te prend ? C'était bien toi qui voulais voir Amma ? Pourquoi t'es-tu sauvée ? » J'ai trouvé une pauvre excuse et nous sommes parties. Elle n'était pas très contente car nous avions roulé aux heures de pointe pour arriver au programme à l'heure, tout cela pour finalement faire demi-tour.

Cette nuit-là j'analysai mon état intérieur. Peut-être n'étais-je pas aussi prête à revoir Amma que je le pensais. Pourquoi tant d'émotion à la vue de mes amis spirituels d'autrefois ? J'en conclus que je devrais me préparer et mieux me comprendre avant de revenir vers Amma. En fait, je n'allais pas m'en tirer comme ça. Le lendemain, en fin d'après-midi, mon amie passa et me dit grosso modo que nous irions au programme d'Amma, que cela me plaise ou non. Je n'avais rien à dire, alors autant monter en voiture. Dans la voiture, je récitai mon mantra frénétiquement. Les choses prenaient une tournure complètement imprévue, je ne contrôlais plus rien du tout. Il ne me restait plus qu'à m'abandonner. Cette fois-ci, j'eus moins de mal à rentrer dans la salle. Je m'imaginai cachée sous une cape d'invisibilité et je laissai mon amie me guider à l'intérieur de la salle et choisir les sièges comme elle l'entendait. Je détournai le regard afin de garder mon sang-froid.

Les bhajans furent extraordinaires, ils m'apaisèrent comme jamais. Je ressentis vite un sentiment de béatitude, une détente profonde et je pus respirer à nouveau. Alors que les dernières notes de l'arati s'estompaient, une fois les prières de clôture terminées, je sentis une main se poser doucement sur mon épaule. C'était une autre de mes amies préférées, Brahmacharini Rema Dévi de San Ramon, qui me regardait comme un ange au grand sourire. Elle me prit la main et me conduisit à travers la foule jusqu'à Amma.

Je n'oublierai jamais ce moment. C'était comme si tout le monde s'était arrêté de respirer au même moment. Amma leva les yeux, nos regards se croisèrent et nous éclatâmes toutes les deux en sanglots. Amma m'attira sur ses genoux et me serra très affectueusement et très longtemps dans ses bras. Quand elle ouvrit les bras, nous nous regardâmes à nouveau droit dans les yeux. Puis nous éclatâmes de rire très fort et pleurâmes encore un peu. Swamiji et Swami Paramatmananda, Ron, Steve Fleischer et Bhakti s'étaient tous approchés de la chaise d'Amma. Leurs visages rayonnaient d'amour en me regardant, à tel point que je ne pouvais plus penser. C'était comme si je nageais dans une piscine remplie d'amour divin qui débordait de tous côtés.

Mon amie était sidérée de voir tant d'émotion. Quand nous quittâmes la salle, elle me dit : « Je n'ai jamais vu autant d'amour de ma vie. Ces personnes t'aiment énormément. Tu as vraiment de la chance. Tu es vraiment importante pour eux. » J'étais sans voix. Cette expérience m'avait touchée si profondément que pierre après pierre, la forteresse de mon ego s'effondrait.

De nombreux kilomètres et de nombreuses années me séparaient encore du moment où je retournerai finalement vivre à Amritapuri. J'ai encore commis de nombreuses erreurs sur le chemin qu'Amma avait tracé pour moi, mais je peux affirmer qu'à partir de ce moment-là, je n'ai plus jamais été « loin d'Amma » dans mon cœur. À partir du soir où nous avons été réunies à Berkeley, même si j'ai rencontré des difficultés, j'ai ressenti une joie intense et le lien avec l'antique Mère divine, avec Mata Amritanandamayi, m'a nourrie en profondeur. La lumière de cette pure grâce a de nouveau brillé pour moi ; je lui en garde une reconnaissance éternelle.

CHAPITRE 10

Mesurer l'océan

Comment mesurer l'océan ? Pouvons-nous expliquer son mystère ? Son envergure, sa profondeur ? Le nombre infini d'espèces vivantes s'abritant dans son immensité ? Il est impossible d'entreprendre cette tâche gargantuesque avec les instruments que nous possédons actuellement. Nous ne pouvons que le décrire : son degré de salinité, le mystère de la lune qui commande les marées et tout le reste. Nous pouvons vérifier la température de l'eau en y trempant le gros orteil, nous pouvons continuer de le dépeindre et de débattre sur tous ses aspects mais à la fin, il incombe à chacun de nous de décider. Est-ce que je veux en faire l'expérience par moi-même et y plonger ? Est-ce que je veux me mouiller ? Est-ce que je veux apprendre à nager ?

Cela ne change rien pour l'océan qu'une personne plonge et découvre ses merveilles ou qu'une autre en sorte, frustrée et découragée. Il y aura peut-être des milliers de gens qui nageront, navigueront ou pêcheront un jour donné. L'océan ne s'en émeut pas. Il reste égal à lui-même, que l'on y nage ou pas. Il est là pour tous, que nous en profitions pleinement ou non. L'océan restera ce qu'il a toujours été depuis la création du monde.

On peut dire la même chose du guru. Qui peut sonder la profondeur de sa réalisation ? Qui peut la décrire ? Nous pouvons utiliser nos capacités limitées d'observation et de discernement mais il n'existe aucun test sûr à 100% qui puisse prouver qu'un guru ait atteint l'illumination. Mais finalement, comme dans le cas de l'océan, notre but n'est pas de mesurer le niveau de réalisation d'un guru. C'est à chacun de nous de décider de la direction qu'il veut donner à sa vie éphémère.

Pourquoi certains sont-ils attirés par la vie spirituelle et d'autres non ? Pourquoi certains décident-ils de rechercher un guide spirituel tandis que d'autres en rejettent l'idée-même ? Pour répondre à ces questions de manière juste, il faut prendre en compte plusieurs aspects : beaucoup de raisons sont évidentes, d'autres plus obscures. Cependant chacun, riche ou pauvre, s'accorde à dire qu'il ressent un vide, une douleur, une tristesse, qui lui donne envie de quelque chose de plus, le désir de découvrir un sens plus profond à la vie.

Certains vont se tourner vers les livres spirituels, conférences ou professeurs pour essayer de trouver quelques réponses, un peu de paix, un peu de joie. D'autres vont se perdre dans la drogue, l'alcool ou les mauvaises relations pour engourdir leur douleur. Beaucoup sombrent dans la dépression en regardant leur vie et le monde, incapables de vivre avec ce sentiment de vide qu'ils ne comprennent pas. Beaucoup vivotent, plus ou moins contents du statu quo, et oscillent comme un pendule entre joie et peine au gré des événements. Chacun de nous appréhende la vie d'une manière qui n'appartient qu'à lui, consciemment ou non.

Supposons que nous fassions partie du premier groupe et soyons inspirés par nos lectures, par ce que nous entendons ou voyons d'un guru. Nous pourrions aller un peu plus loin dans notre démarche. Nous pourrions envisager d'apprendre à méditer, de pratiquer un peu de Hatha Yoga ou de participer à une retraite spirituelle. Nous trouvons consolation et compréhension quand nous nous tournons vers la spiritualité. Si nous avons beaucoup de chance, nous rencontrons un vrai Maître comme Amma. À ce moment-là, notre âme sait qu'elle est en présence d'une grande âme, d'un *Mahatma*. Et à ce moment-là, le combat entre l'âme et l'ego commence, une lutte s'engage entre notre destinée spirituelle

et notre libre-arbitre et la vie oscille entre découverte intérieure et mensonge à soi-même. La rencontre avec un Maître réalisé est un catalyseur pour accélérer l'éveil. Je sais maintenant qu'il n'y a pas de point de retour une fois que nous avons rencontré un Mahatma. La seule question, c'est la vitesse à laquelle nous voulons avancer. Pour certains, le voyage sera une longue lutte, pleine de faux-pas et de détours, tandis que d'autres voyageront vite et en douceur. *Nous* sommes le facteur déterminant. La grande âme demeure établie patiemment dans son état d'éveil ; peu importe au Maître que nous choisissions de venir vers lui ou de partir. C'est seulement nous, pas lui, qui avons quelque chose à y gagner.

Il existe une ancienne tradition toujours vivante, la voie de la Réalisation, qui permet à un chercheur d'établir un lien avec un guru pouvant l'amener au-delà du cycle des naissances et des morts, jusqu'à la Libération. Il existe un vaste corpus d'écrits spirituels, anciens et contemporains, les Upanishads, les Puranas, la Bhagavad Gita, et leurs commentaires, qui éclaircit chaque aspect et chaque détail de la relation guru-disciple et les exigences que l'on rencontre sur le chemin spirituel. Ces écrits ne sont pas le fruit de l'imagination ni de suppositions. Ils proviennent de l'expérience directe de ceux qui vécurent il y a bien longtemps et qui atteignirent l'apogée de la conscience humaine, l'état libre de pure Unité.

L'engagement du guru envers le disciple est absolu, sans faille. Il délivre son enseignement de façon à transformer l'ego et les désirs égoïstes. Le maître n'a qu'un seul but : éveiller l'étudiant. De nombreuses âmes ont emprunté ce chemin, elles ont trouvé leur Maître spirituel, fait le nécessaire pour fondre leur conscience égocentrique dans l'unité suprême et ont finalement remporté la victoire. Mais ce n'est pas pour les cœurs faibles ; il faut avoir un mental fort pour emprunter ce chemin et avancer toujours plus loin dans les profondeurs du mystère de l'existence. Le nombre de gens qui abandonnent dépasse celui de ceux qui réussissent, surtout à notre époque, où nous nous sommes embourbés dans l'ère du cynisme.

Nous devons examiner attentivement le guru avant de nous abandonner à lui. Nous devons être totalement sûrs qu'il saura nous guider. Une fois que nous avons décidé d'accepter un Maître et de nous engager sur la voie qui mène au but, cessons de l'examiner, sans quoi le guru ne pourra pas nous guider jusqu'à la Réalisation.

LUNE DE MIEL

Je rejoignis Amma pour la tournée des États-Unis en 1993. Elle m'accueillit à bras ouverts. Les programmes avaient grossi et il y avait maintenant un van pour le staff. J'y montai gracieusement. Bien qu'il fût difficile pour moi de me retrouver confrontée à tout ce que j'avais laissé derrière moi, au fur et à mesure des étapes, de vieux amis me saluaient et nous pleurions et rions tous ensemble des folies que nous nous infligeons à nous-mêmes.

À la fin de la tournée des États-Unis 1993, je retournai à New Mexico et pris mes dispositions pour rentrer en Inde auprès d'Amma. J'avais hâte de reprendre ma vie spirituelle. Je ne voulais pas laisser passer ma chance. Amma savait si bien tout faire pour pardonner et encourager. Une des premières choses qu'elle me dit juste après mon arrivée, alors que nous étions assises dans sa chambre, fut que le passé est comme un chèque annulé. Il me fallait l'accepter et ne pas m'y accrocher. Sinon je ne pourrais pas progresser. Amma ne me fit aucun reproche ; elle me garda auprès d'elle malgré le grand nombre de personnes qui luttaient pour attirer son attention.

Tout le monde était content de me voir ; le père d'Amma, Sugunanandan Acchan, pleura en me revoyant. Son large sourire en disait long et il remua la tête gentiment en disant « Kusumam,

Kusumam », d'un ton plein de tendresse. Tous les anciens de la communauté, habillés maintenant pour la plupart en jaune après leur initiation, me firent comprendre à leur façon silencieuse et douce qu'ils étaient ravis de me revoir. Il y avait beaucoup de nouveaux résidents qui ne me connaissaient pas et il était très agréable de faire du bénévolat avec eux, pour ainsi dire de manière anonyme.

Pourtant, il m'était difficile de retrouver mon ancien rythme, mon équilibre, mes pratiques. Je me rendis compte qu'il était bien plus facile de détruire que de reconstruire. Je fis la grimace en constatant à quel point mon enthousiasme pour atteindre le but avait été sapé. Je décidai alors de revenir aux bases, d'essayer de regagner mon innocence perdue. Amma nous encourageait toujours à conserver une attitude de débutant. Était-ce vraiment possible ?

Pour suivre le chemin de l'Amour il faut aimer le chemin en lui-même. Le plus gros obstacle fut mon incapacité à me pardonner et à croire à nouveau en moi. Aussi décidai-je de repartir de là où j'en étais. Je décidai de reprendre les pratiques dévotionnelles que j'avais négligemment laissées de côté, pour retrouver paix et tranquillité en pensée, en action et en parole. J'avais toujours aimé répéter mon mantra et contempler le visage de la Mère divine, mon Amma bien-aimée. J'avais toujours ressenti beaucoup de satisfaction quand j'offrais mon énergie, mon talent, mon intellect au service des autres. Mon cœur fondait en entendant Amma chanter les chants dévotionnels qui m'appelaient plus haut. Mes prières montaient à nouveau du cœur – *S'il te plaît Amma, sauve moi, guide-moi vers la grâce !*

Lentement mais sûrement, je retrouvai le souvenir de la Vérité. Mon amnésie spirituelle diminua. Je sus à nouveau choisir mes amis, voir certains de mes attachements en toute conscience, en essayant d'être le témoin du jeu de mes émotions intérieurs, au lieu d'en être la proie.

Pendant cette période, je ne fus affectée qu'une seule fois par les paroles négatives d'une personne. Elle attendit que je sois seule pour venir me dire : « Pourquoi t'es-tu embêtée à revenir ? Pourquoi ne pas simplement profiter de la vie et oublier tout cela une bonne fois pour toutes ? » Je fus trop choquée pour répondre. Tout le monde connaissait sa dévotion profonde envers Amma, mais en même temps elle savait se montrer très désagréable en coulisse. Ironie du sort, ce fut elle qui quitta l'ashram par la suite. Je décidai mentalement de garder mes distances avec elle, bien que cela ne fût pas toujours possible.

Elle me nomma responsable de la distribution du travail bénévole au bureau du seva et je me retrouvai immédiatement dans le bain. En apparence, je gérais car la coordination du seva n'était rien en comparaison de l'organisation des tours, mais intérieurement j'avais du mal. Il faut du temps et du courage pour rassembler les morceaux épars d'une vie spirituelle. Je m'apercevais maintenant que les premiers jeux dans l'eau, une fois que l'on a plongé dans la vie spirituelle, étaient des moments merveilleux et pleins d'allégresse. Toutefois, au fur et à mesure que nous progressons sur le chemin, nous avons beaucoup de leçons difficiles à apprendre et d'expériences douloureuses à vivre. N'en soyons pas surpris. Pour être médecin ou docteur, combien d'efforts et de sacrifices faut-il faire ? Après tout, la spiritualité n'est pas moins exigeante qu'une discipline universitaire. Toutefois, une question plus inquiétante se dessinait en filigrane. En étais-je capable ?

Je m'aperçus rapidement qu'il ne tenait qu'à moi de garder le moral, d'apprendre mes leçons et de changer. Si je n'arrivais pas à conserver mon enthousiasme pour le but, alors la grâce torrentielle d'Amma, qui coule en cascades autour d'elle comme les chutes du Niagara, ne servirait à rien. La grâce est à notre portée, à la mesure des efforts que nous déployons. Les véritables Maîtres tels Amma font tout ce qui est nécessaire ; c'est sur le chemin que le disciple remarque davantage quand il se fourvoie.

JE MESURE MON ENGAGEMENT

Une de mes meilleures amies, Nancy Crawford, à qui Amma avait donné le nom de Suneeti, était venue vivre comme renonçante à l'ashram en Inde. Nous avions travaillé ensemble pendant toutes les tournées depuis 1986 et plus particulièrement pour la mise en place des retraites. Suneeti avait fait de la recherche scientifique à l'Université de Californie, à Berkeley. C'est dans cette même université que j'avais moi-même obtenu mon diplôme en Ressources Naturelles. Nous avions beaucoup de points communs. Nous avions toujours adoré avoir de grandes conversations sur la spiritualité, la vie et la mort dès que nous avions un moment de libre. Bien qu'elle eût beaucoup d'amies, j'avais été un peu comme une grande sœur pour elle au début, quelqu'un à qui se confier. Les rôles étaient maintenant inversés, et sa fermeté et sa forte détermination m'inspirèrent.

Pendant les tournées des États-Unis, nous avions appris à nous connaître, et je savais qu'elle avait eu non pas un, mais deux cancers. Son point de vue sur le sujet était curieux. Par deux fois, elle avait subi des traitements allopathiques, par deux fois elle avait eu droit à une chimiothérapie et une radiothérapie complètes avec leur cortège de souffrances et par deux fois elle avait finalement guéri. Mais elle déclara que ce qui avait vraiment fait la différence, c'était d'avoir modifié son état d'esprit et sa façon de vivre. C'est la rechute qui l'avait amenée à la spiritualité.

Suneeti avait des idées claires sur la mort. Elle avait ressenti la maladie dans son corps et n'était pas du tout naïve à ce sujet. Il n'était pas du tout impossible qu'elle ait un troisième cancer. Chaque année, elle allait faire des examens pour vérifier qu'elle était en bonne santé et qu'il n'y avait pas de récidive. Elle était persuadée qu'elle n'en réchapperait pas une troisième fois. Elle ne s'appesantissait pas sur les éventuelles implications mais elle les acceptait sans s'émouvoir.

Peu de temps après mon retour, nous avons eu une bonne conversation à ce sujet. Elle me dit que son vœu le plus cher était de servir Amma jusqu'à son dernier souffle et de savourer au maximum chaque moment de sa vie de renonçante. Si jamais le cancer récidivait, elle préférait rester près d'Amma et la servir jusqu'au tout dernier moment. Elle y avait bien réfléchi. On aurait dit qu'elle avait conclu un marché, un marché tacite. Si elle sentait que le cancer s'installait à nouveau dans son corps, elle laisserait la maladie évoluer et ne gaspillerait pas son argent à payer pour un traitement aussi futile qu'onéreux. Interrompre sa vie spirituelle pour une troisième chimiothérapie et une troisième radiothérapie allait évidemment l'affaiblir au point qu'elle ne pourrait pas continuer dans la voie qu'elle s'était tracée auprès d'Amma. Même avec un traitement, elle savait qu'elle ne pourrait pas survivre à une autre récidive. Suneeti était devenue une source d'inspiration pour moi, comme je le fus autrefois pour elle, son engagement dans le chemin spirituel d'Amma n'avait pas faibli.

Un après-midi, alors que nous étions assises dans sa chambre située au niveau du balcon du temple de Kali, je lui posai naïvement la question suivante : si elle tombait une troisième fois malade, est-ce qu'elle choisirait de suivre un traitement long et épuisant dont le résultat était incertain ou bien est-ce qu'elle continuerait de vivre comme elle l'entendait le plus longtemps possible, sachant que quelque chose se passait dans son corps ? Sans l'ombre d'une hésitation, elle répondit qu'elle choisirait la deuxième option. Avec un sourire pensif, elle m'expliqua que plus rien ne comptait pour elle hormis la deuxième chance qu'Amma lui avait donnée lors de leur rencontre et son installation en Inde.

Elle aimait Dieu par dessus tout et ne souhaitait rien d'autre que servir son guru et les autres dans le laps de temps qui lui était imparti. Elle ne pensait pas pouvoir survivre à une autre récidive du cancer. Elle ne voulait pas écourter le temps qu'elle passait auprès Amma à cause de traitements invalidants. Elle ne voulait pas se retrouver dans cet état lorsqu'elle dirait au revoir à Amma. Une fois notre conversation terminée, je m'interrogeai : avais-je autant de dévouement et de clarté ?

VIE À L'ASHRAM DANS LES ANNÉES 90

Les premières familles occidentales s'étaient installées à l'ashram et c'était un plaisir que de voir les enfants courir et jouer avec Amma dès qu'ils le pouvaient. Il y avait Priya et Krishna Unni de Los Angeles, Sarada et Manju du Canada, Gopi, Sudha et Gemma de Seattle, Aparna et Manohari de New Mexico et Sridevi et Anandi d'Allemagne. C'étaient en quelque sorte des pionniers qui arrivaient à élever leurs enfants, effectuer leur bénévolat et consacrer leur vie à la spiritualité dans le cadre du monastère. L'enfance de ces enfants a été extraordinairement bénie, ils ont eu la chance de grandir dans la présence divine d'Amma.

Un bureau d'accueil pour occidentaux fut officiellement mis en place pour accueillir et loger le flot constant de visiteurs. On me demanda d'y travailler et de faire visiter l'ashram aux nouveaux arrivants. Une cantine servait de la nourriture occidentale et des dévots du monde entier venaient y manger ! Le Ram Bazar, marché aux puces et boutique d'occasion, servait à financer l'orphelinat. À cette époque, des personnes du monde entier choisirent de venir s'installer à l'ashram. Ces nouveaux résidents occidentaux étaient tous avides de connaissances spirituelles.

Amma est le guru le plus abordable et le plus accessible qui soit, elle donne à chacun des instructions spécifiques sur la manière d'avancer dans sa vie spirituelle. C'est toujours le cas actuellement. Amma passe un nombre incalculable d'heures dans le hall de darshan, à étreindre ou conseiller tout un chacun, ou à la plage au bord de la Mer d'Arabie à méditer et à donner des satsangs. Amma ne s'est jamais tenue à l'écart de la communauté spirituelle qui s'est formée autour d'elle, elle en fait partie intégrante. Toujours au milieu de la ruche, elle gère les activités de l'ashram, dirige d'importantes réunions et conduit des discussions au vu et au su de tout le monde. Chacun peut s'approcher d'Amma, passer dans ses bras et s'attarder à ses côtés aussi longtemps qu'il le faut pour apaiser son âme. Chacun peut poser directement une question à Amma ou lui confier ses problèmes. Il n'y a pas de secrétaire personnel servant d'intermédiaire entre Amma et ses dévots. Quel bonheur de savoir que quelque part en ce monde, la pureté et l'amour inconditionnel existent !

JE PARS À NOUVEAU

Amma me fit participer à tous les tours de l'Inde et d'ailleurs. Elle me demanda même de m'occuper de la sono pendant les tours de l'Ile Maurice et de la Réunion au printemps 1994. Mais le problème, c'est que j'étais dans l'incapacité de retrouver mon élan vers le but ultime. Il me fallait recréer mon univers avec Amma et c'était difficile car j'étais attachée au passé.

Les attentes inconscientes que j'avais eues en revenant vivre auprès d'Amma en Inde n'étaient pas satisfaites. Mais comment aurait-il pu en être autrement ? L'accès à Amma dont j'avais bénéficié dans les premiers temps était bloqué. J'avais pris mon seva, coordination bénévolat, comme excuse pour ne pas m'imposer d'emploi du temps strict pour ma sadhana. Je commençai à me comparer aux autres, et je me trouvais sincère tandis que je jugeais les autres hypocrites. Mon introspection était devenue superficielle, elle s'était émoussée. Je m'engageai sur une pente dangereuse. Telle est la nature des attentes, de l'auto-satisfaction et du jugement ; ils mènent au mécontentement. Il me fallut plusieurs années pour finalement admettre que je n'aimais plus pratiquer la sadhana. Tout me paraissait sans intérêt et ennuyeux. J'étais profondément déçue de moi-même, j'avais laissé l'inspiration et l'envie de suivre la voie se dessécher.

Je voyais tout autour de moi des exemples de dévouement et de désintéressement, mais ma vie ne ressemblait plus qu'à une coquille vide. L'intensité de ma foi et des promesses des premières années auprès d'Amma s'était évaporée, laissant place à toujours plus de désespoir et d'agitation. Les gens recommencèrent à m'agacer et je me tenais éloignée de ceux vers qui j'aurais tout aussi bien pu me tourner en matière de satsang. Intérieurement, j'étais de nouveau à la dérive, mais le seva m'occupait. Je faisais la sourde oreille aux signaux d'alarme et je m'éloignais de plus en plus d'Amma. Danger, danger, danger tout autour. J'étais encerclée.

L'un des plus grands pièges sur le chemin spirituel, c'est quand notre mental commence à accuser les autres. Quand nous laissons notre attention s'éloigner du but et se fixer sur les erreurs de quelqu'un d'autre, nous sommes perdus. Cette mauvaise habitude est l'antithèse de la spiritualité. C'est comme si on absorbait chaque jour une faible dose de poison jusqu'à en mourir un jour.

Pourquoi reprocher au professeur le manque de motivation de l'élève ? Et d'abord, pourquoi avoir choisi un guru ? Parce que nous étions sûrs qu'il pouvait nous guider et que nous voulions être guidés ! Tout comme dans le cas de l'élève, c'était à moi de faire part de mes doutes à Amma, mais une fois de plus, je fus lâche. En 1996, je fis mon sac et quittai l'ashram, pour de bon cette fois-ci.

CHAPITRE 11

Il n'est jamais trop tard

DONNER UN SENS AU DÉPART

L'esprit est une drôle de chose. Au final, rien de rationnel ne peut vraiment expliquer pourquoi l'esprit nous mène là où nous ne pensions pas aller. Il n'y a aucun motif adéquat, aucune explication valable au fait que j'aie de nouveau quitté Amma. C'était juste une accumulation de choses qui allaient de travers. Quand on perd la concentration et la tranquillité d'esprit, tout peut arriver. Alors que j'essayais encore de comprendre pourquoi j'avais quitté Amma la première fois, comment pouvais-je donner un sens à mon deuxième départ ?

Qu'on les appelle karma, égoïsme, l'illusion puissante de maya, ou le champ de bataille sanglant de Kurukshetra où le Seigneur Krishna déclama la Bhagavad Gita à Arjuna, il est très difficile de s'extirper des sables mouvants de la négativité.

Quand je repense à tout cela après tant d'années, l'image d'un atome me vient à l'esprit. Au centre de l'atome se trouve le noyau. Les électrons sont organisés en différentes sphères concentriques ou orbites, tournant autour du noyau. Si Amma en était le noyau, alors en 1983-1990, j'étais l'un de ces électrons tournant sur une orbite très serrée de la sphère la plus proche du noyau. Une énorme énergie de liaison s'exerce sur l'électron pour qu'il tourne en orbite dans cette sphère.

Maintenant, imaginez un électron commençant à vaciller ou à dévier légèrement de son orbite habituelle. Incapable de maintenir sa course autour du noyau d'une manière stable, plus ou moins

vite, il sera « éjecté ». Il gagnera en tournoyant une sphère orbitale éloignée, mais continuera à tourner autour du noyau, avec moins d'énergie de liaison et à un rythme plus lent. Supposez que cet électron ait le désir de sauter par-dessus les orbites et de revenir dans la sphère située près du noyau, alors un apport gigantesque d'énergie sera nécessaire pour qu'il puisse « faire le saut » qui l'y ramène.

De la même façon, il faut moins d'énergie pour déclencher la fission (fragmentation d'un atome) que pour la fusion (regroupement aboutissant à l'unification). Il faut bien moins d'énergie pour rompre qu'il n'en faut pour essayer de résoudre les difficultés et de rester ensemble.

Et c'est ce qui m'est arrivé. J'avais été en orbite rapprochée autour d'Amma, mais mes tendances négatives avaient provoqué une dissonance en chemin ; et je m'étais projetée dans les zones retirées des orbites extérieures, de 1990 à 1996, là où le noyau a moins d'impact sur l'électron à la dérive.

J'avais essayé de sauter pour revenir dans l'orbite rapprochée, en revenant à l'ashram de 1993 à 1996, mais en fin de compte mon effort fut vain. Je mettais trop de conditions à la spiritualité, sans voir que c'était à moi de m'abandonner à ce que la spiritualité voulait me montrer, et non l'inverse.

J'ai bien réussi à faire quelques tours de plus sur une orbite plus rapprochée du noyau, mais quand les vibrations discordantes reprirent, je fus vite délogée une deuxième fois vers une orbite extérieure, cette fois-ci plus distante encore du noyau que la première fois.

À cette distance, les électrons peuvent être séparés de l'atome originel dont ils faisaient partie et être attirés par un autre noyau à proximité qui exerce une force d'attraction dans le but de capturer des électrons pour les mettre en orbite autour de lui. Il est pratiquement impossible que l'électron ait la chance de rejoindre sa position à l'intérieur d'une structure atomique, il faut une énergie incommensurable pour « sauter » et rejoindre le noyau. Appelons simplement cette dose démesurée d'énergie « la grâce ».

Quand je revins auprès d'Amma, dans les années 1990, après mon premier départ, j'avais posé toute une série de conditions : cela devait se passer comme ceci, ou comme cela, comme par le passé : il fallait que je sois avec Amma quand je le voulais, comme à l'époque où j'en étais très proche. Mais la vie ne fonctionne pas ainsi. Quand mes désirs n'étaient pas satisfaits et que ces conditions n'étaient pas remplies, je m'effondrais. Je faisais un effort pour renouer avec ma vie spirituelle, mais ce n'était pas « l'effort juste » selon une expression empruntée au bouddhisme. J'avais essayé de faire coïncider le chemin avec ma vision limitée de ce qu'il devait être, au lieu de laisser tomber mes concepts et de permettre à ce chemin de me reconstruire.

C'est un peu comme une personne très forte qui se rend dans un magasin de vêtements avec l'idée de l'image qu'elle veut se donner. Mais comme elle ne peut entrer dans aucun des vêtements qui se trouvent là parce qu'elle est très forte, elle quitte le magasin, vexée qu'aucun vêtement ne lui aille. Je me justifiais en disant que j'avais fait un effort, mais je ne voulais pas admettre qu'il n'était pas juste.

Mon premier départ était largement dû à mon manque d'équilibre sur le chemin et découlait de ma manière négative de penser ; la raison pour laquelle j'ai quitté Amma la deuxième fois c'est que mon chemin spirituel n'avait pas comblé mes attentes. J'abandonnai le chemin lui-même, et j'eus alors l'impression que cette fois-ci, c'était pour de bon. J'avais fait le choix conscient de viser moins haut.

Je ne me considérais plus comme chercheur spirituel ; l'amour du but à atteindre s'était tari, et ma vie spirituelle était devenue mécanique. En écrivant aujourd'hui, il me semble que tout cela n'était pas grand chose et qu'il aurait été facile d'y remédier. Mais j'avais laissé les choses s'envenimer. C'est notre ego qui provoque des déconvenues pareilles sur notre chemin spirituel : d'abord la fracture de la relation guru-disciple, et ensuite la rupture du lien qui attache le chercheur spirituel au chemin.

L'ego devient conscient de la possibilité qu'il a de se sublimer et s'y engouffre pour sauver sa peau ! Les choses qui n'avaient au départ que peu d'importance devinrent d'immenses obstacles parce que je les avais sous-estimées et que j'avais négligé d'en prendre soin immédiatement. Quand on suit un chemin spirituel, on doit enrayer aussitôt le plus léger dérapage. Amma prend souvent l'exemple d'un homme d'affaires qui fait le bilan de ses recettes et de ses dépenses de la journée tous les soirs ; les chercheurs spirituels doivent faire la même chose et ne considérer leur journée terminée que lorsqu'ils qu'ils l'ont passé en revue. Sinon, il est très difficile de continuer à avancer sur le chemin en présence du guru et de demeurer dans l'orbite. Nous devons nourrir à tout prix notre amour pour le but à atteindre, rester consciencieux et attentifs (shraddha) à nos progrès sur le chemin.

Certains pourraient se demander pourquoi Amma ne m'avait pas porté secours, puisqu'elle est omnisciente et omnipotente. La beauté de la façon d'enseigner d'Amma réside dans le fait qu'elle ne force jamais les choses. Amma a dit à maintes reprises : « C'est quand la fleur est prête à s'ouvrir qu'elle s'ouvre. » Vous ne pouvez pas forcer un bourgeon à éclore pour obtenir rapidement une fleur belle et parfumée. L'une des principales qualités du chercheur spirituel doit être la patience. Mais nous ne pouvons apprendre la patience qu'avec un professeur patient lui-même – semblable à une mère aimante qui élève son enfant chéri. De la même manière, Amma a la patience de l'océan et permet à chaque chercheur spirituel de progresser à son propre rythme. C'est l'un des plus grands cadeaux prodigués par l'enseignement d'Amma.

Je me retrouvais donc « à l'extérieur », seule. De 1983, l'année où je me rendis pour la première fois auprès d'Amma, jusqu'à à mon deuxième départ en 1996, mon « parcours professionnel » avait été ma recherche spirituelle. Maintenant j'avais retiré mes billes de ce domaine et je misais sur une vie dans le monde. Même alors, je savais que rien ne pourrait jamais égaler, et de loin, ce que j'avais vécu auprès d'Amma pendant ces 14 années. Mais je me disais que peut-être je devais simplement apprendre à viser moins haut. En mettant la barre moins haut, peut-être pourrais-je me tailler une petite part de bonheur fugace dans le monde extérieur, puisqu'en mettant la barre trop haut j'échouais régulièrement.

J'avais consacré à la spiritualité quatre années supplémentaires d'efforts, j'avais été battue à plate couture : j'avais essayé, j'avais échoué. Peut-être un jour serais-je capable de donner du sens à tout cela, mais pour le moment je veillais à ne pas être trop dure avec moi-même : il ne sert à rien de fouetter un cheval mort ! J'allais essayer de sauver quelques vestiges de ma vie en Occident, sans me saboter cette fois. Je retournai au Nouveau Mexique.

Je décidai de reprendre mes études et choisis de faire médecine. Mes études scientifiques d'autrefois à l'Université de Berkeley étaient depuis longtemps dépassées ; je fis donc une prépa médecine à la faculté du coin, juste pour voir si j'avais encore le niveau. En même temps, comme je devais travailler pour payer mes études, je m'inscrivis à un stage paramédical ; cela semblait être une bonne idée de travail temporaire puisque je voulais faire médecine. Je réussis à tous les niveaux et obtins un diplôme de Technicienne Médicale d'Urgence. Je devins aussi maître-assistant en Sciences de la vie à l'Université du Nouveau Mexique. Deux années s'écoulèrent ainsi.

LA MAISON DE MA GRAND-MÈRE

Ma grand-mère étant tombée malade, je me rendis en Pensylvanie pour m'occuper d'elle. Elle venait d'avoir 92 ans et elle était adorable. On venait d'apprendre qu'elle était atteinte de la maladie d'Alzheimer, mais c'était à peine perceptible. On se mit à parler du bon vieux temps, et cela fit remonter en moi une foule de souvenirs vécus pendant mon enfance difficile. Mais cela ne m'affectait plus ; j'étais guérie de ce traumatisme, grâce à Amma.

« Amma ». Ce nom est d'une telle douceur ! Pourquoi la vie spirituelle doit-elle être aussi perturbante ? Oui, au fond de moi, elle me manquait. Je l'aimais toujours et au point que je pleurai en pensant à elle cette nuit-là, pour la première fois depuis longtemps. J'avais expulsé Amma de ma vie, brûlé les ponts et j'avais cessé d'être un chercheur spirituel. Fini tout cela : j'étais juste une personne normale, qui vivotait tant bien que mal. J'avais soif d'être dans ses bras.

Le week-end du 4 Juillet arrivait, et je réalisai qu'Amma allait venir dans les environs, peut-être à Chicago, ou peut-être même à Washington DC. C'était seulement à quatre heures de route d'ici ! Le lendemain matin, je me creusai la cervelle : comment faire pour me procurer le programme de la tournée d'Amma ? Mais bien sûr, en allant à l'épicerie, je trouverais le « Yoga Journal » au rayon des magazines ! Depuis 1987 nous achetions toujours un espace publicitaire dans le journal, et il était clair que l'annonce des programmes y serait insérée. En effet, je trouvai le calendrier de la tournée 1998. Le 4 juillet, Amma serait à Washington DC. Quelle coïncidence !

WASHINGTON, DC

Sans laisser aucune possibilité de résistance à mon esprit, j'organisai tout pour qu'on vienne s'occuper de ma grand-mère en mon absence, fis mon sac et sautai dans ma camionnette, direction le

Sud. J'avais réagi d'une manière très spontanée, mon âme trépignait, elle avait besoin de revoir Amma et mon ego avait perdu la partie. J'eus moins de mal à entrer dans la salle cette fois. Ce n'était pas la première fois, mais je dus mettre de côté beaucoup de honte et de remords —un petit prix à payer en comparaison de la façon régalienne dont je m'étais comportée.

Personne ne sembla me remarquer ; ce n'était pas comme la fois où j'étais allée voir Amma à Berkeley et où j'avais été accueillie en fanfare ! Non, cette fois-ci ce fut très calme. Je me mis dans la queue pour recevoir le darshan et attendis mon tour, comme tout le monde. En m'approchant d'Amma, je reconnus des visages dans la foule autour d'elle et on se rendait compte que « Kusuma allait passer au darshan. » Je gardai mon regard rivé sur Amma jusqu'à ce qu'elle me regarde. Elle sourit avec affection, son visage rayonnant d'amour, et me prit dans ses bras. « Kusumam, Kusumam, ponnamol, ma fille chérie, ma fille chérie… » Il y eut des larmes à nouveau, des deux côtés, et Amma me garda, me berça sans me lâcher. Un chant me revint à l'esprit que je fredonnai à l'oreille d'Amma :

> *Kannunir kondu nin padam kazhukam,*
> *Katyayani ni kaivitalle…*

Avec mes larmes, je laverai Tes pieds,
O Déesse Katyayani,
mais s'il Te plaît, ne m'abandonne pas.

Amma me fit asseoir à côté d'elle pendant quelques minutes et nous nous mîmes à parler. Elle voulait savoir comment j'allais et ce que je devenais. « Études de médecine, très bien. Prendre soin de la grand-mère ? Oui, très bien. » Il n'y avait aucune trace de jugement de la part d'Amma, mais l'humeur était différente cette fois-ci. Son énergie n'avait pas changé mais j'avais franchi la ligne rouge en partant une seconde fois. Pendant un moment, je restai assise calmement en contemplation, puis Amma me demanda d'aller manger et se concentra à nouveau sur la file du darshan.

La seconde personne que je pus rencontrer fut Suneeti. Apparemment elle avait été solennellement initiée car elle était habillée en jaune ! Mon cœur déborda de joie en la voyant traverser le hall pour venir me voir avec quelques autres amis dans son sillage. Elle était radieuse et en paix ; elle était maintenant Brahmacharini Nirmalamrita. Nous nous rendîmes ensemble dans la salle à manger et je remarquai alors qu'elle avait perdu beaucoup de poids.

Un souvenir des années passées me revint à l'esprit et me laissa une sensation désagréable. Quand nous eûmes fini notre repas et trouvé un coin tranquille, nous bavardâmes un peu. Je la félicitai du fond du cœur d'avoir prononcé des vœux solennels et ajoutai que je me réjouissais de la voir si épanouie et en progression sur le chemin spirituel. Elle avait le regard brillant ; maintenant que nous étions assises, je pouvais réellement sentir que l'atmosphère de paix que dégageait sa présence avait grandi.

Elle pensait que j'avais bien fait de choisir une école de médecine et de vivre au Nouveau Mexique ; elle savait que c'était chez moi maintenant, mais ne dit rien à ce sujet. Il n'y avait pas non plus une once de jugement de sa part, elle semblait vraiment heureuse de me voir. Je ressentis cette ouverture et lui demandai comment allait sa santé. « Tout va bien ». Elle dit qu'elle était fatiguée, car vérifier les inscriptions pour la retraite exigeait beaucoup de travail. Suivre Amma en tour, c'est fatiguant, c'est vrai ! Mais elle détourna le regard quand je lui demandai si elle continuait à faire ses bilans de santé annuels. « Pas vraiment ! ». J'en restai là.

Je savais qu'elle avait beaucoup à faire cette nuit -là, alors je lui dis au revoir. Nous avions encore des tonnes de choses à nous dire, mais la parenthèse se referma là. D'autres vieux amis m'avaient vue et vinrent me dire bonjour. Nous nous fîmes un rapide gros câlin en nous regardant dans les yeux avant de nous séparer. Ma gorge se serra quand elle s'en alla. J'avais vu quelque chose, mais quoi ? Peut-être qu'il n'y avait rien, que c'était juste le fruit de mon imagination.

Tous les swamis prirent le temps de venir me saluer et de s'enquérir de ma santé, de mes projets et de ma famille. Ils parlaient avec chaleur et sincérité ; leur gentillesse me touchait vraiment. Comme ils avaient dû souffrir quand j'avais quitté Amma pour la deuxième fois ! Après toutes les épreuves et difficultés traversées ensemble, je pense qu'ils étaient foncièrement contents de me voir et de savoir que j'allais bien. Ils demeuraient mes frères spirituels, et ils ne me tournaient pas le dos, ils ne me jugeaient pas durement. C'était clair.

Je pris congé d'Amma et rentrai en Pennsylvanie. Je n'aurais pas pu supporter l'idée d'assister au Dévi Bhava pour une bonne raison : c'était déjà assez dur de digérer le fait de revoir Amma et d'être confrontée à ma vie passée dans des conditions aussi différentes.

TEST, TEST, UN-DEUX, UN-DEUX

Je commençai alors à étudier sérieusement dans le but de préparer l'examen d'entrée à l'école de médecine. Il me fallut environ un an pour être totalement prête. Un an, pensais-je, j'en avais fait des choses « en un an ». Mais si je laissais mon esprit errer dans le passé, cela me déconcentrait. Alors, je refusai de le faire. Latin, physiologie, anatomie, chimie, biologie – j'avais la tête qui tournait.

LE MOIS DE MAI

Un mois important. Primo, j'allais passer les épreuves finales de la dernière partie de ma prépa médecine et secundo, l'examen d'entrée à l'école de médecine à la fin du mois. Si je réussissais, je pourrais postuler pour les écoles de médecine avant la fin de l'été. J'avais recommencé à réciter mon mantra, en fait j'avais recommencé après Washington DC mais je le récitais de plus en plus ces derniers temps. Cela m'apportait beaucoup de paix et de concentration. Je ne pensais pas vraiment l'avoir mérité mais ça, c'était une autre histoire. Alors, le téléphone sonna.

C'était Hari Sudha qui appelait de Berkeley. Suneeti – Nirmalamrita – était revenue d'Inde. Mais ce n'était pas une bonne nouvelle. Elle était tombée malade, très malade, et voulait me voir. C'est la raison pour laquelle Hari m'appelait. Pouvais-je venir tout de suite ? Je me demandais ce qu'il y avait de plus urgent. Heu, j'étais au Nouveau Mexique et mes examens commençaient la semaine suivante, et puis et puis… Je compris. Je savais pourquoi elle m'appelait.

Oui Hari, bien sûr, j'arrive. S'il te plaît, dis à Suneeti que je m'arrange pour prendre l'avion dès que je raccroche le téléphone. Je raccrochai donc et passai à l'action. C'était donc ça. Elle avait fait ce dont nous avions parlé des années auparavant et maintenant elle allait mourir. C'est ce que j'avais senti l'an dernier mais sans réussir à mettre le doigt dessus. Je jetai quelques vêtements dans mon sac à dos, sautai dans ma voiture et allai au campus pour parler à mon professeur de chimie. Je connaissais Suneeti, et je savais que je n'avais pas beaucoup de temps devant moi. La première épreuve de mon examen était en chimie. Mon professeur était dans son bureau. Quand il me vit, il comprit que quelque chose n'allait pas et arrêta ce qu'il était en train de faire. « Oui, oui, entrez donc. Qu'est-ce qu'il y a Gretchen ? Que se passe t-il ? ».

Je lui dis que je ne pourrais pas passer mon examen, parce que ma meilleure amie avait été hospitalisée en Californie.

« Oh, cela semble très grave. Oui, oui, bien sûr vous devez y aller… Attendez une minute, laissez-moi jeter un coup d'œil sur vos notes. Hummm, bien, vous êtes en tête de classe. Bon, on dirait que vous devez vraiment y aller. Disons que vous êtes dispensée de cet examen. Ne vous en faites pas ; vos notes jusqu'à ce jour suffiront. J'espère que tout ira bien pour votre amie. »

Mes jambes se dérobaient sous moi tandis que je me dirigeais vers le parking. L'aéroport d'Albuquerque était à deux heures de route ; mon vol atterrit à Oakland tôt dans la soirée. Hari Sudha vint me chercher à l'aéroport, et me dit ce qui se passait : cancer avancé. Elle venait de rentrer d'Inde pour se soigner ; le médecin qui lui avait sauvé la vie deux fois s'en occupait bien. Mais je savais que Nirmalamrita n'avait pas fait de bilan de santé annuel depuis Dieu sait combien d'années. Elle m'en avait touché deux mots l'année précédente à Washington. Je savais au plus profond de mon cœur qu'elle connaissait son état mais qu'elle avait choisi la deuxième solution.

Quand j'entrai dans la chambre de Nirmalamrita à l'unité de soins intensifs le lendemain matin, je vis que, bien qu'étant très malade, elle rayonnait de paix. Je n'avais encore jamais vu ce rayonnement chez qui que ce soit sauf chez Amma. Le cancer s'était généralisé et il était impossible que quelqu'un comme Nirmalamrita, qui avait déjà survécu à deux attaques de cancer, n'ait pas compris que la maladie s'était étendue et cela depuis un petit bout de temps. Nous nous regardâmes droit dans les yeux pendant que je lui tenais la main. Elle me sourit gentiment ; nous ne nous étions pas revues depuis plus d'un an. Elle était calme et tranquille ; ses yeux étaient deux points de lumière blanche qui transperçaient les miens. Je retrouvai ce même regard d'Amma. Tout bas, je lui demandai si elle avait su. Elle fit un signe affirmatif de la tête. Avait-elle fait ce dont nous avions parlé il y a tant d'années ? Oui, répondit-elle faiblement en me serrant la main. Pas la peine de gaspiller de l'argent, je veux voir Amma ici quand elle viendra en Amérique, c'était mon plan… Je l'interrompis et lui demandai de garder son énergie pour la venue d'Amma ici dans quelques semaines. Tout ce que tu me dis là, je le sais déjà ! Alors elle alla droit au but. Elle me demanda pourquoi j'avais quitté Amma. Etait-ce pour raison de santé ? Non, lui dis-je, j'avais flanché ! Je ne croyais plus en moi. J'avais laissé ma négativité prendre le dessus. Y retournerai-je un jour ? Pour de bon, pas juste en visite ? Ma gorge se serra et je restai sans voix. Elle me dit alors que ce serait l'une de ses dernières volontés.

L'heure des visites était terminée, il était temps de partir.

Le lendemain matin, je revins à l'hôpital. Personne n'était autorisé à entrer dans l'unité de soins intensifs pour voir Nirmalamrita à l'exception de sa famille proche. J'étais étiquetée comme faisant partie de la famille et eus donc l'autorisation d'entrer. Au moment où je m'apprêtai à passer la barrière stérile pour accéder à l'unité, je remarquai une amie chère de Nirmalamrita, Sabari, une autre rescapée du cancer, qui essayait d'attirer mon attention. J'allai vers elle et compris sa détresse. On ne lui avait pas donné la permission d'entrer, mais elle voulait dire au-revoir à Nirmalamrita ; c'était très important pour elle : « Est-ce que je pouvais faire quelque chose pour elle ? » Je réfléchis quelques instants et lui dis que je lui donnais mon temps de visite. Je détournai l'attention des infirmières. De cette façon, Sabari et Suneeti purent se voir une dernière fois.

Cette nuit-là, Nirmalamrita eut une attaque cardiaque et tomba dans le coma. Elle en émergea juste à temps pour recevoir un appel téléphonique d'Amma et quitta ce monde moins d'une semaine plus tard. Quand on l'interrogea au sujet du départ de Nirmalamrita, Amma dit qu'elle s'était fondue dans le cœur d'Amma et avait atteint la réalisation divine. Brahmacharini Nirmalamrita était restée auprès d'Amma, sans être détraquée par une chimio, elle avait coordonné bénévolement toutes les retraites spirituelles à l'étranger jusqu'à quelques semaines avant sa mort. Elle avait pu passer 10 ans au service d'Amma en tant que renonçante en Inde. Pas mal pour quelqu'un qui a eu trois cancers successifs. Elle savait depuis des années que ce serait un cancer qui l'emporterait mais cela s'est passé comme elle l'entendait ; elle n'aurait pas voulu qu'il en soit autrement.

La phrase d'Amma que Nirmalamrita préférait était celle qui affirme que l'aspirant doit avancer avec l'intensité que met celui qui se trouve enfermé dans une maison en flamme à trouver une issue. En marge de ses livres de sanskrit, elle dessinait toujours des flammes pendant les cours ; moi, je dessinais des fleurs de lotus et des déesses en train de danser. Elle a été l'une des rares personnes à vivre pleinement l'enseignement d'Amma, et tous ceux qui l'ont rencontrée se réjouissent de l'avoir côtoyée.

LE BUG DE JUIN

Bon, pour m'avoir changé les idées, ça m'avait changé les idées ! Je rentrai au Nouveau Mexique et passai mes autres examens, mais je me sentais démotivée pour l'examen d'entrée à l'école de médecine. Je pouvais le passer le mois suivant sans trop perturber mon emploi du temps ; il fallait que je repasse en mode « études », ce qui était pour l'instant au-dessus de mes forces. Je sondai mon âme ; Amma serait à Santa Fé en Juin, et j'avais hâte de la revoir.

Le programme d'Amma avait lieu dans la réserve naturelle de Santa Fé, dans un temple construit pour Amma par Steve et Amrita Priya Schmidt sur leur propriété. Il ne pouvait pas y avoir de plus bel endroit pour revoir Amma, avec les pins parasols odorants frôlant le temple plein de souvenirs, sous le ciel étoilé du Nouveau Mexique. J'arrivai pour les bhajans du soir ; c'était merveilleux d'entendre à nouveau Amma chanter ! Après l'arati, je sortis pour regarder les étoiles et je sentis monter l'inspiration. Je rentrai par l'arrière du temple et me glissai sur l'estrade. Amma était assise en bas, devant l'estrade surélevée, elle était déjà en train de donner le darshan. Une amie chère, Swarna Iyer, jouait de l'harmonium. Je m'avançai pour attirer son attention et lui demandai la permission d'offrir un chant. Je pense qu'elle fut surprise pour deux raisons : j'étais la dernière personne qu'elle s'attendait à voir et je n'avais jamais chanté. Mais elle accepta, et me demanda : « Quel chant ? » : « Isvari Jagad-Isvari ».

Je me mis donc à chanter pour Amma, pour la première fois depuis que j'avais chanté ce même chant alors qu'elle quittait le Kalari pour aller se promener sous un autre ciel étoilé il y a de cela déjà tellement d'années ! Alors que je chantais le premier verset, Amma se retourna pour me regarder, sans afficher aucune surprise. Elle savait déjà qui chantait ;

Iswari jagad-iswari paripalaki karunakari
Sasvata mukti dayaki mama khedamokke ozhikkanne...

O, Déesse, Déesse de l'Univers,
O, Toi qui préserves, qui accordes la grâce et la libération
éternelle
S'il Te plaît, libère-moi de toutes mes peines...

Je passai au darshan d'Amma ; maintenant entre nous le calme était revenu, une profonde tranquillité m'envahit. Quelque chose s'était mis en place. J'ignorais quoi, et cela n'avait pas d'importance. Je m'assis un long moment près d'Amma et savourai le goût de la dévotion. Puis ce fut le moment de partir et je rentrai dans la nuit sombre et étoilée.

DÉPRIME

Le créneau estival pendant lequel je pouvais me présenter à l'examen d'entrée à l'École de Médecine s'en fut comme il était arrivé. J'étais déprimée, je remettais en question mon choix de vie. La beauté de la relation de Nirmalamrita avec Amma m'éblouissait.

Combien de personnes avaient approché Amma et en avaient tiré autant de profit ? Comment avais-je pu tout lâcher alors que ma vie avec Amma avait toujours été si prometteuse ? Amma était un maître réalisé, je n'avais aucun doute là-dessus. Je ne doutais que de moi-même et ce doute m'avait engloutie. Je ne remettais en question ni la spiritualité ni Amma. J'avais manqué de conviction quand j'avais essayé de reprendre mes pratiques durant mon séjour auprès d'Amma. J'avais tout simplement renoncé.

Après avoir fait ce choix, comment pourrais-je jamais trouver la paix en vivant dans ce monde, telle était la question que je tournais et retournais sans cesse dans ma tête. Est-ce que j'avais bien fait de consacrer plus de deux ans à me préparer à intégrer une école de médecine ?

Parce que sinon, il valait mieux changer dès maintenant.

En feuilletant les pages jaunes de l'annuaire téléphonique un après-midi, une publicité attira mon regard. « Décrochez votre Master au Collège St John à Santa Fé en lettres classiques orientales ».

Hum, intéressant. J'appelai donc pour en savoir plus. C'était un programme intensif d'un an. Comme langue, on pouvait choisir le chinois ou le sanskrit ; les matières principales étaient l'étude des textes originaux de l'hindouisme, du bouddhisme et du taoïsme. Je me rendis sur place pour passer une entrevue et je fus acceptée. Le cours démarrait la semaine suivante. Je pensais qu'il serait juste de ma part de passer du temps – un an – à étudier les grands livres de l'Orient et à réfléchir à ma vie. A ce stade de ma vie, comment cela aurait-il pu ne pas m'aider ?

Il fallait que je me débarrasse du doute qui me tenaillait : que faire de ma vie maintenant que j'avais quitté Amma ? J'étais partie dans une direction, l'École de Médecine, mais j'avais pris peur et maintenant je partais dans une direction plus familière, la spiritualité. Qu'est-ce qui n'allait pas chez moi ? Pourquoi ne pouvais-je pas me contenter de ce que la vie m'apportait, un point c'est tout ? Pourquoi avais-je l'esprit si agité ?

Une chose en amenant toujours une autre, en étudiant pour mon master, je rencontrai mon mari. Nous voulions tous les deux avoir des enfants. Je tombai enceinte pendant notre nuit de noces. Pendant que notre petite fille arrivait au monde, je mis une musique de fond : « Ananta Srishti Vahini ». À l'hôpital, quand nous lui lavâmes la tête pour la première fois avec l'infirmière, je récitai des mantras védiques. Sans se le dire, mon mari et moi avions choisi un nom pour le bébé. Nous avions tous les deux choisi « Mirabai ». Mon mari n'appréciait pas mes bizarreries spirituelles, mais il s'en accommoda. Peut-être cela changera-t-il, me disais-je. J'amenai Mirabai à Amma pour qu'elle la bénisse.

Que pouvait dire Amma ? Elle nous aime tous, quoi que nous fassions. Par contre, il me fut difficile d'entrer dans le hall de darshan en affichant un choix de vie radicalement opposé à mon passé. J'étais partie de mon plein gré et j'avais fait ce que j'avais voulu ; cela en disait plus long sur ma personne que tout ce qu'avait fait Amma. Maintenant j'étais une dévote, c'était une belle relation qui me convenait peut-être mieux : j'aimais Amma de loin. Mais pourquoi mon âme n'était-elle pas satisfaite, pourquoi ne pouvais je pas me détendre et profiter de ce que la vie m'avait offert ?

2007 – IL N'EST JAMAIS TROP TARD

Tout se précipita cette année-là. Ma mère avait appris l'année précédente qu'elle avait un cancer et supportait mal son traitement. En avril, c'est chez mon père que l'on dignostiqua un cancer. Il mourut brutalement quelques semaines plus tard à Boston avant que j'aie pu aller lui dire au revoir. J'arrivai au bout des 19 ans passés sous l'influence de Saturne. Mon couple battait de l'aile et je revins à Amritapuri avec ma fille. Officiellement, c'était pour qu'Amma bénisse les cendres de mon père, mais pour être honnête, la coupe était pleine.

Je vis finalement la lumière au bout du tunnel. C'était si simple en fait, mais j'étais passée à côté pendant des années. Amma était là parmi nous, et mon âme était impatiente de faire le voyage spirituel qu'elle proposait. L'amour pour l'amour, la dévotion parce que c'est l'émotion suprême, celle qui détruit toutes les barrières que je m'étais construites. J'avais enfin acquis assez de maturité pour voir que c'était moi qui m'étais mise à l'écart et que moi seule pouvais me libérer.

Et j'avais également appris qu'il n'est jamais trop tard pour revenir et essayer à nouveau. Cette fois-ci, je revins pour la joie d'être là, pour la douceur de l'amour, l'amour divin, cet amour que je n'avais trouvé nulle par ailleurs au cours de mes errances. Toutes ces années passées loin d'Amma dans un monde qui ne contenait que des promesses vides, que mort et désillusion, que profits et pertes matérielles, égoïsme et désir ! Je revins pour le sens profond et vrai qu'offre la vie spirituelle. Je revins pour accomplir le vœu d'une sœur mourante.

Je revins pour me prouver à moi-même que j'en avais le courage et faire le nécessaire pour que tout aille à nouveau bien. Je voulais me tenir debout devant Amma et la communauté et leur raconter que j'avais traversé le désert et que j'avais retrouvé mon chemin. Je désirais élever ma fille dans la présence magnifique d'Amma, en sachant que c'est le plus beau cadeau qu'une mère puisse faire à sa fille. Peu importaient mes petites divergences ; il était temps pour moi de profiter de la présence d'Amma et de servir du mieux que je pouvais, sans angoisse, sans chercher à atteindre quoi que ce soit.

Juste pour la joie pure d'être en présence de Dieu et d'en témoigner. Pour me retrouver au sein de ma communauté belle et inspirante, et pour servir de tout mon cœur. Amma m'a redonné le sourire. Il n'est jamais trop tard !

Le voyage continue

Au moment où j'écris ces lignes, il y a cinq ans que je suis revenue vivre à l'ashram d'Amma à Amritapuri, avec ma fille Mirabai. Cinq années radieuses qui rivalisent avec l'inexprimable douceur de mes premières années avec Amma et la dépassent même.

Comme il m'a fallu passer par un processus extrêmement difficile, la victoire du retour est d'autant plus douce que l'effort a été pénible. Il nous faut parfois traverser d'énormes difficultés sur le chemin spirituel et dans mon cas c'est cette progression même qui m'a amenée à la joie profonde que je ressens aujourd'hui. Comment regretter ce parcours ? Est-ce que j'agirais autrement si j'en avais la possibilité ? Bien sûr. Mais le pire, ce serait de n'être jamais revenue auprès d'Amma ! Ce n'est pas de tomber qui est remarquable : ce qui importe, c'est de se relever et de continuer à avancer.

J'ai appris à considérer toute situation comme étant le prasad d'Amma (offrande bénie) et à ne pas réagir dans les moments difficiles, à ne pas les rejeter car, correctement assimilés, ils ne sont là que pour me propulser spirituellement. Amma nous rappelle toujours qu'il n'y a pas d'échecs ; il n'y a que des tremplins vers la victoire finale.

Ayant traversé l'obscurité, je suis à présent plus mûre et plus ancrée dans ma vie spirituelle. Je vois maintenant combien mes premières années auprès d'Amma ont édifié des fondations solides sur lesquelles je peux enfin bâtir une vie spirituelle qui m'emmènera jusqu'au but. Il était essentiel que j'apprenne à croire en moi-même. C'était ce qui me manquait au début, quand je me suis engagée sur la voie spirituelle. Parce que je sais à présent sans l'ombre d'un doute, que je veux servir Dieu en me mettant au service des autres. Avoir ma fille à mes côtés en fait partie intégrante. La renonçante que j'étais à vingt ans n'est pas sans rapport avec la mère que je suis devenue. Après tout, Amma dit que ce n'est pas le sannyasa (renonciation) extérieure qui compte, mais plutôt le sannyasa intérieur : dépasser nos goûts et nos aversions, faire passer les autres avant soi et comprendre que tout ce que nous considérons comme nôtre ne nous a été donné par Dieu que pour un temps et nous sera repris un jour ou l'autre.

Ma vie d'aujourd'hui est la suite du parcours commencé il y a plus de trente ans dans une librairie de Copenhague. Je suis toujours à la recherche de la Mère divine dans le royaume de mon cœur et je la sers sous la forme vivante que nous appelons « Amma ». Je la sers afin que le monde devienne meilleur ; c'est la seule vraie manière de servir le guru. Nous ne savons pas ce que la vie nous réserve, du bon ou du mauvais, nous n'avons pas le choix. Lors de mes premières années auprès d'Amma, je n'imaginais pas que tous ces obstacles se dresseraient sur mon chemin. Mais Amma nous enseigne que c'est la façon dont nous choisissons de réagir à nos difficultés qui fait toute la différence.

En parcourant le monde, avec comme bagage l'espoir et la prière, en faisant tout ce que je pouvais pour amener Amma à ses enfants, j'ai pu surmonter beaucoup d'épreuves et de tribulations. Mais il ne m'a pas été aussi facile de vaincre mes ennemis intérieurs, c'est-à-dire ma propre négativité. Ces deux contextes présentaient des défis, dans le premier cas, il s'agissait de défis extérieurs et dans l'autre de défis intérieurs. Il m'a fallu trouver l'approche juste pour les surmonter tous, afin d'apprendre ce que j'avais besoin de régler dans cette vie avec Amma. Dans les Écritures, il est dit qu'il y a trois sortes de disciples : ceux qui

apprennent grâce à ce qu'on leur dit, ceux qui apprennent en observant ce qui arrive aux autres et ceux qui apprennent grâce à l'expérience personnelle. J'appartiens manifestement au troisième groupe !

Pour l'avoir vécu, je sais qu'Amma est toujours avec moi, quoi qu'il arrive et qu'elle n'abandonne jamais ses enfants. J'ai appris à chaque étape qu'il n'est réellement jamais trop tard. J'ai renoué avec la spiritualité en la présence divine d'Amma, je n'ai jamais été aussi heureuse, côte à côte avec ma fille ; Amma nous guide toutes deux et me montre que rien ne peut arrêter la Mère divine éternellement victorieuse.

J'aimerais vous raconter une dernière histoire : quand Mirabai est arrivée à Amritapuri pour la première fois, elle avait 5 ans. Elle se rendait compte que les gens obtenaient des mantras et elle voulut savoir ce que c'était. Je lui expliquai donc le principe de base de la récitation du mantra et comment celui-ci pouvait nous apporter la paix et la sagesse si nous le répétions avec soin. Elle voulut en savoir plus sur l'ishta devata (la déité bien aimée) que l'on choisit pour obtenir un mantra.

Rappelez-vous qu'elle avait 5 ans ! J'ai donc énuméré les différentes déités : la Mère divine, la Mère divine sous les traits d'Amma, le Seigneur Krishna, Kali Mata, Bouddha, Jésus Christ, le Seigneur Shiva… Quand j'arrivai à Shiva, elle voulut savoir si c'était le dieu qui était vêtu de peaux de bête. Je lui dis que oui et ajoutai qu'il chevauchait aussi le taureau Nandi dans les Himalayas. Elle hocha la tête d'un air content et déclara : « C'est lui que je veux ! ». Ho là là, pensai-je en moi-même, voilà quelqu'un qui sait ce qu'elle veut ! Est-ce un hasard si elle est ma fille et si elle est venue à Amma dès l'enfance, pour grandir auprès d'elle parce que j'avais très envie de revenir enfin à Amritapuri ?

Le lendemain, nous sommes allées au darshan et elle demanda à Amma : « Mantra, s'il te plaît ! », Amma fit oui de la tête, tout en la regardant intensément. Puis Mirabai se pencha comme pour se confier à Amma et je l'entendis dire « Shiva mantra », juste pour s'assurer qu'Amma savait lequel lui donner ! Eh bien, Amma trouva cela désopilant et en parla à tout le monde autour d'elle. Nous sommes restées jusqu'à la fin du programme et Mira reçut la mantra diksha, l'initiation au mantra cette même nuit. Je me sentais bénie d'être sa mère. Sa vie spirituelle semblait bien commencer, avec le meilleur guru du monde.

Un an plus tard, alors que Mirabai avait 6 ans, nous faisions la queue pour passer au darshan et je remarquai qu'elle était en train d'écrire un mot pour donner à Amma. À un moment elle me murmura : « Maman, comment on écrit Amrita Vidyalayam ? » Je l'épelai pour elle et j'étais très curieuse de savoir ce que la petite Mira avait en tête. Quand ce fut notre tour de passer au darshan, elle donna son mot à Amma et la brahmacharini qui se tenait près d'Amma traduisit.

Amma eut un énorme sourire et dit en anglais « Oui, oui ! Bien, bien ! ». De sa propre initiative, Mira avait demandé à Amma si elle pouvait aller à l'école d'Amma, ici en Inde. Et c'était parti pour le tablier à carreaux, les socquettes et tout et tout ! Au début, l'adaptation fut vraiment difficile mais elle n'a pas abandonné. Mira est maintenant en quatrième année à la Amrita Vidyalayam School et s'en sort très bien, malgré tous les devoirs qu'elle a en trois langues, rien que ça : malayalam, hindi et sanskrit ! Quand elle se plaint qu'elle ne veut pas aller à l'école, je lui demande d'aller voir Amma et d'en parler avec elle puisqu'elles ont pris la décision ensemble.

Être sur ce chemin d'amour avec ma fille Mirabai est une bénédiction bien supérieure à l'idée que je me faisais de la maternité. Elle grandit en force, en confiance et m'a à l'œil ! Elle m'enseigne tout ce que j'ai eu du mal à apprendre d'Amma : la patience, la tolérance, l'empathie, le service désintéressé, l'amour

inconditionnel, donner sans attendre rien en retour, le détachement par rapport au fruit de l'action et la stabilité mentale – toutes
ces qualités dont une mère doit faire preuve chaque jour. Amma
m'enseignait bien ces qualités ; elle m'en donnait constamment
l'exemple, mais c'est moi qui m'opposais à l'apprentissage. Pour
pouvoir élever une enfant qui sait ce qu'elle veut, je suis bien
obligée de les cultiver ! Amma a le don d'être une Mère pour le
monde. Quel meilleur endroit qu'Amritapuri pour donner une
éducation basée sur les valeurs spirituelles ? Les amis que Mirabaï
s'est fait à l'ashram d'Amma resteront ses amis pour toujours. Ils
jouent à chat autour du banyan devant le temple de Kali, chaque
fois qu'ils en ont l'occasion et à cache-cache jusqu'à ce qu'il
soit l'heure d'arriver en courant pour s'asseoir près d'Amma au
moment des bhajans.

J'arrive enfin à voir l'harmonie profonde qui sous-tend les
tours et les détours de mon cheminement. Il m'a fallu toutes ces
années pour assimiler les leçons que quelqu'un d'autre aurait pu
apprendre en une journée. Mais telle fut mon histoire, avec toutes
ses imperfections. J'ai appris à ne pas juger. Le plus important,
c'est que quand je tiens la main d'Amma, elle me montre que c'est
moi qui forge ma propre destinée. Amma m'emmènera aussi loin
que je serai prête à aller. À coup sûr.

Certes, je suis bénie d'avoir été l'instrument qui a permis au
monde entier de rencontrer Amma. Oui, je fus bénie d'être là
dans les débuts et de profiter d'un apprentissage spirituel intensif auprès d'Amma. Mais pour avoir vécu cette époque et vivre
l'époque actuelle, je déclare sans hésiter que l'intensité qu'il y
avait alors est toujours disponible pour celui qui veut s'en saisir.
Notre relation à Amma est ce que nous en faisons. C'était vrai le
jour où je l'ai rencontrée et c'est tout aussi vrai aujourd'hui. C'est
nous qui freinons. C'est ce que nous sommes prêts à donner qui
détermine la vitesse à laquelle nous atteindrons le but.

AMRITAPURI AUJOURD'HUI.

Il n'y a jamais eu autant de monde à l'ashram, mais cela ne veut pas dire pour autant qu'il y a moins de chances de réaliser le Soi ou moins de spiritualité que dans les premiers temps. Amma est un être éveillé et c'est son ashram ; sa grâce vibre et s'écoule comme elle l'a toujours fait. C'est à nous d'ouvrir notre cœur à Amma. Et quand nous le faisons, elle arrive en courant. Amma est toujours là, toujours aussi puissante, elle passe des heures et des heures avec nous, elle guide des milliers et des milliers de personnes sur le chemin spirituel avec grâce et aisance, aussi fraîche et prête à rire en fin de nuit qu'à son arrivée. Elle est constamment parmi nous, elle arrive en milieu de matinée dans le hall de darshan et ne regagne souvent sa chambre que le lendemain au petit matin. Puis elle revient quelques heures plus tard pour le programme du lendemain et elle recommence.

Amma participe pleinement à chaque aspect de la vie de l'ashram, elle nous guide avec enthousiasme lors de la méditation, des satsangs, de l'archana, des bhajans et du service désintéressé. Pendant toutes ces années, je n'ai jamais vu Amma prendre une journée pour elle. Aucun autre maître spirituel ne se rend plus disponible ou ne donne plus de son temps personnel et de son énergie qu'Amma. En matière de spiritualité, elle rend tout amusant et doux. Amma vit au grand jour, sans jamais se cacher. Quiconque le souhaite peut interagir personnellement avec Amma.

Existe-t-il sur cette planète quelqu'un qui donne plus de soi-même pour le bien du monde ? Amma vit dans la même petite chambre que le jour où je l'ai rencontrée. Celle-ci est située en plein milieu de l'ashram, à l'endroit le plus bruyant, juste à côté du tuyau d'évacuation de la fumée de la cuisine. On ne voit rien de la fenêtre. Mais Amma refuse qu'on dépense de l'argent pour améliorer son confort. Elle ne prend rien pour elle, excepté les problèmes du monde qu'elle prend sur ses épaules, sans cesser

d'apporter paix et secours à ceux qui viennent recevoir sa bénédiction.

ÉTREINDRE LE MONDE

Pendant que j'étais occupée à essayer de mettre de l'ordre dans ma
vie, Amma aussi était occupée. Tout a commencé avec une poignée
de gens, puis une douzaine, puis une centaine, puis des milliers.
Aujourd'hui, plus de 32 millions de personnes sont passées dans
les bras divins d'Amma. Il n'y a pas une seule personne qui ait
rencontré Amma et passé du temps auprès d'elle qui n'ait une
histoire spéciale à raconter. Dans notre vie, il y a un « avant d'avoir
rencontré Amma » et un « après avoir rencontré Amma. » Nos
vies se sont imprégnées du parfum de la paix, de la satisfaction et
de la gentillesse, grâce aux bras protecteurs d'Amma. Tout commence là, quand on pose la tête sur son épaule puissante. Sans
nous demander quoi que ce soit, Amma nous a donné un trésor
plus précieux que l'or : elle nous a donné la chance de servir les
autres de façon désintéressée ; c'est une façon d'exprimer notre
amour pour Dieu dans un monde qui en a désespérément besoin.
Ce maître parfait, cette grande figure humanitaire a incité des
millions de gens à faire du bien aux autres dans plus de 60 pays
de par le monde.

En seulement 25 ans, Amma a créé un vaste réseau d'œuvres
caritatives de dimension mondiale, ayant toutes pour but de
répondre aux besoins humains fondamentaux, partout où c'est
possible et dès que c'est possible. Construction de maisons pour les
sans-abri, bourses d'études aux enfants pauvres, formations pro-
fessionnelles pour les femmes dans les zones rurales, organisation
de campagnes de soins médicaux dans certaines des régions les
plus reculées de l'Inde, intervention immédiate et secours d'urgence pour soulager les souffrances des victimes de catastrophes
naturelles, amélioration de la qualité de vie des pauvres grâce à

l'accès à l'eau potable, création de groupes de jeunes fondés sur des valeurs, protection de l'environnement, large gamme de projets de recherche à vocation humanitaire. Les dévots d'Amma ont appelé ce réseau caritatif « Étreindre le Monde », en hommage à l'étreinte désintéressée reçue par chaque personne qui vient à elle. Chaque jour de sa vie elle étreint les gens aussi longtemps qu'il le faut. Cette étreinte est le moteur de ce mouvement humanitaire universel qui sème les graines de la compassion partout dans le monde.

Depuis 1987, Amma s'est rendue dans 6 des 7 continents et a conduit des programmes dans 26 pays, parmi lesquels l'Australie, l'Autriche, la Belgique, le Brésil, le Canada, le Chili, la Finlande, la France, l'Allemagne, l'Irlande, l'Italie, le Japon, le Kenya, le Koweït, la Malaisie, l'île Maurice, les Pays-Bas, la Russie, Singapour, l'Espagne, Sri Lanka, la Suède, la Suisse, les Emirats Arabes Unis, le Royaume Uni et les États-Unis d'Amérique. Le territoire français de l'île de la Réunion héberge également gracieusement les programmes d'Amma depuis plus de 25 ans.

De plus, Amma a envoyé ses disciples conduire des programmes dans 38 pays où elle n'est pas encore allée ou dans lesquels il y a des centres Amma, des activités ou des projets de service conduits en son nom : la Bulgarie, la République Tchèque, le Danemark, l'Estonie, la Grèce, la Hongrie, le Luxembourg, la Norvège, la Pologne, le Portugal, la Slovénie et la Turquie en Europe ; l'Argentine, la Colombie, le Costa Rica, Haïti, le Mexique, le Pérou et le Vénézuela en Amérique du Sud et en Amérique Centrale ; la Chine, Hong-Kong, l'Indonésie, les Philippines, Taiwan et la Thaïlande en Asie ; Bahreïn, l'Egypte, Israël, la Jordanie, le Liban, Oman et le Quatar au Moyen Orient ; Fiji, Guam, la Papouasie Nouvelle Guinée et la Nouvelle Zélande en Océanie ; sans oublier le Botswana et l'Afrique du Sud en Afrique.

Dans les annales de l'histoire il n'est nulle part fait mention d'une personne ayant vécu comme Amma, qui étreint le monde au sens littéral, dont la compassion active et la sagesse universelle se répandent comme un torrent de pure grâce. Dans les générations futures, les gens liront des récits au sujet d'Amma qui leur rappelleront le sacrifice authentique et le véritable service désintéressé.

Quand je prends le temps de réfléchir à quel point l'œuvre humanitaire et l'entreprise spirituelle d'Amma se sont développées depuis que j'ai quitté l'Amérique il y a 29 ans pour partir à la recherche de la Mère divine, je ressens beaucoup d'humilité à l'idée d'avoir pu participer dans une petite mesure au développement de sa mission. Je me demande également si cette histoire n'en est pas à son début plutôt qu'à sa fin.

Glossaire

Arati – La présentation rituelle du camphre enflammé devant la divinité. Symbolise la soumission à Dieu ou au guru. Tout comme le camphre brûle et disparaît sans laisser de trace, la dissolution de l'ego est complète.

Archana – Se réfère à la récitation à haute voix ou mentalement, des 108 ou 1000 noms d'une divinité particulière (par exemple les 1000 noms de Lalita : Lalita Sahasranama).

Ashram – Un centre spirituel où vit une communauté de chercheurs spirituels.

Avatar – Une incarnation de Dieu sous forme humaine.

Basmam – Cendres sacrées, appelées aussi vibhuti.

Bhajan – La pratique du chant dévotionnel.

Brahamachari(ni) – « renonçant », homme ou femme, qui consacre sa vie au service de Dieu, pratique le célibat et le contrôle des sens.

Brahman – La Vérité ultime au-delà de tout attribut ; le substrat omniscient, omnipotent, omniprésent de l'univers.

Darshan – Au sens littéral " vue, vision ". Dans le contexte de ce livre, cela veut dire rencontrer une personne sainte et recevoir sa bénédiction.

Dévi Bhava Darshan – La disposition intérieure de la Mère divine, en référence au moment où Amma s'assoit dans le temple, habillée d'un magnifique sari et portant la couronne de la Mère divine pour bénir les dévots qui viennent recevoir son darshan. Un moment où Amma révèle de manière plus évidente son unité avec la Mère divine.

Diksha – Initiation.

Hari Katha – L'histoire du Seigneur, en référence à une narration musicale de la vie d'un saint, d'un sage, d'un dieu ou d'une déesse.

Ishta Devata – Au sens littéral, déité bien-aimée ; se réfère à l'objet de méditation sous l'aspect de dieu avec forme.

Japa – Répétition d'un mantra, souvent par groupe de 108 fois.

Kindi – Pot cérémonial en laiton utilisé pour l'eau pendant le rituel d'adoration.

Kirtan – Chant dévotionnel.

Kum-kum – Poudre rouge appliquée sur le troisième œil, point situé au milieu du front. Particulièrement apprécié par le Divin sous la forme de la Mère divine.

Mahatma – Au sens littéral, grande âme. En référence à celui qui réside dans l'état d'unité avec le Soi universel.

Mantra – Formule sacrée, groupe de mots ou syllabes chanté en sanskrit dans le but de purifier l'atmosphère et le mental du récitant.

Mantra diksha – Moment d'initiation à la pratique du mantra ; recevoir « mantra diksha » d'un Être Réalisé est considéré comme une immense bénédiction, car un peu de sa conscience éveillée est transmise pendant l'initiation.

Mantra shakti – Le pouvoir contenu dans le mantra, surtout quand il a été transmis par un Être réalisé comme Amma.

Pada puja – Rituel exprimant l'amour et le respect consistant à laver les pieds du guru, symboles de la Vérité Suprême sur laquelle s'appuie le guru.

Pîtham – Siège offert à la déité, se référant généralement au siège sur lequel Amma est assise durant le darshan du Dévi Bhava.

Pranam – Prosternation ou marque de respect en s'inclinant devant la déité ou le guru.

Prasad – Offrande bénie ou cadeau d'un être saint ou d'un temple, généralement sous forme de nourriture.

Prema – Amour suprême, Amour divin ou Amour inconditionnel.

Rajas – Aspect dynamique. Une des trois qualités : tamas, rajas, sattva.

Sadhana – Pratiques spirituelles qui purifient le pratiquant, comme la méditation, la répétition du mantra (mantra japa), l'étude des Écritures, le yoga, le satsang, le service désintéressé.

Samadhi – Au sens littéral "cessation de toute activité mentale", un état transcendant dans lequel le Soi individuel s'unit au Soi Suprême.

Sankalpa – Résolution ou intention divine. Lorsqu'il s'agit d'Amma, cela signifie souvent qu'elle donne sa bénédiction pour obtenir un résultat favorable.

Sannyasa – Vœux officiels de renoncement permettant de porter la robe ocre, couleur symbolisant la flamme qui brûle tous les désirs.

Satsang – Être en communion avec la Vérité Suprême. Également être auprès d'une grande Âme. Ecouter des paroles et enseignements spirituels. Participer à des pratiques spirituelles dans une communauté de chercheurs spirituels.

Sattva – Qualités de pureté, de lumière et de finesse spirituelle. Une des trois qualités : tamas, rajas, sattva.

Seva – Service désintéressé dont les résultats sont dédiés à Dieu.

Shraddha – En conscience, avec foi.

Temple Brahmastanam – Temples uniques consacrés par Amma, avec une déité à 4 faces regardant vers les 4 directions pour symboliser l'Unité dans la diversité. Sur une face est représenté Ganesh, le dieu éléphant qui enlève les obstacles. Sur une deuxième face est représentée la Mère divine, sur une troisième face il y a le Seigneur Shiva représenté par le shiva lingam, une représentation sans forme de Shiva, et sur la quatrième face est représenté Rahu, une planète malveillante dont les effets négatifs sur la vie d'une personne peuvent être annulés grâce à des rituels spécifiques.

Tamas – Qualités d'ignorance, d'inertie, de paresse. Une des trois qualités : tamas, rajas, sattva.

Tirtham – Eau bénie, qui se réfère également à une pièce d'eau proche d'un endroit sacré ou d'un temple, comme un étang ou un bassin, pour se laver avant d'entrer dans un temple.

Vasanas – Tendances latentes ou désirs subtils résidant dans notre esprit et se manifestant par des actions et des habitudes.